21세기를 살아가는
반자본주의자를
위한 안내서

21세기를 살아가는 반자본주의자를 위한 안내서

에릭 올린 라이트 지음 유강은 옮김

How to Be an Anticapitalist in the 21st Century

이매진

21세기를 살아가는
반자본주의자를
위한 안내서

1판 1쇄 2020년 7월 13일
지은이 에릭 올린 라이트 **옮긴이** 유강은
펴낸곳 이매진 **펴낸이** 정철수
등록 2003년 5월 14일 제313-2003-0183호
주소 서울시 은평구 진관3로 15-45, 1018동 201호
전화 02-3141-1917 **팩스** 02-3141-0917
이메일 imaginepub@naver.com
블로그 blog.naver.com/imaginepub
인스타그램 @imagine_publish
ISBN 979-11-5531-116-5 (03330)

- 환경을 생각해 재생 종이로 만들고, 콩기름 잉크로 찍었습니다.
- 값은 뒤표지에 있습니다.
- 이 도서의 국립중앙도서관 출판시도서목록(CIP)은 서지정보유
  통지원시스템 홈페이지(http://seoji.nl.go.kr)와 국가자료공동목
  록시스템(http://www.nl.go.kr/kolisnet)에서 이용하실 수 있습니
  다(CIP 제어 번호: CIP2020011741).

HOW TO BE AN ANTICAPITALIST IN THE 21ST CENTURY
By Erik Olin Wright
© Erik Olin Wright 2019
Afterword © Michael Burawoy 2019

First published by Verso 2019.

세 손주,
사피라, 버넌, 아이다에게

차 례

이 책은 원래 2010년에 출간한 《리얼 유토피아Envisioning Real Utopias》*에서 내놓은 핵심 주장들을 간결하게 정리하자는 생각에서 쓰기 시작했다. 《리얼 유토피아》가 출간된 뒤, 나는 세계 곳곳의 지역 사회 그룹과 활동가, 노동자 그룹을 대상으로 삼아 책에서 다룬 주제에 관해 정기적으로 강연을 했다. 청중은 대체로 그 책에 담긴 구상에 열정적인 반응을 보였지만, 많은 사람이 책의 두께와 여러 학술적 장식물을 부담스럽게 여겼다. 그래서 독자를 배려하는 좀더 간결한 판본을 쓰자는 생각이 들었다.

그렇지만 이 책을 쓰기 시작할 무렵에는 내 생각이 많이 뻗어 나간 뒤라 《리얼 유토피아》에서 말한 내용을 요약하는 책은 용납이 되지 않았다. 자본주의를 대체할 민주적-평등주의적 대안의 신뢰성을 확립하는 일에서 전략의 문제, 곧 여기에서 거기까지 도달하는 방법의 문제로 관심의 초점이 옮겨간

* 에릭 올린 라이트 지음, 권화현 옮김, 《리얼 유토피아》, 들녘, 2012 — 옮긴이.

상태였다. 처음에 《리얼 유토피아》의 간결한 축약본으로 구상한 책은 이제 속편에 가깝게 됐다.

이 문제들에 관심 있는 독자라면 누구나 흥미를 느낄 법한 내용을 쓰고 싶은 마음은 여전했다. 그렇지만 또한 대안적인 견해들을 상대로 논쟁에 돌입하고, 내 분석에 기여한 다양한 사고들의 출처를 제시하고, 몇몇 독자가 제기할 만한 다양한 반론에 반박하느라 각주를 활용하는 등 통상의 학문적 관행에 기대지 않은 채 새로운 주장과 주제에 관해 쓰는 작업은 어렵다는 사실을 깨달았다. 내가 직면한 문제는 기본적으로 두 구별되는 독자 집단을 대상으로 글을 쓴다는 현실이었다. 이 주제에 관심은 있지만 전통적인 학술적 정교화에는 관심이 없는 사람들과 이런 정교화가 없으면 지적으로 엄격한 책이 아니라고 생각하는 독자들은 서로 달랐다.

머릿속에 떠오른 해결책은 책을 두 부분으로 기획하는 방식이었다. 각 부마다 똑같은 장 제목을 두면 된다. 1부는 참고 자료나 각주, 특정한 사고의 계보에 관한 최소한의 논의도 전혀 없고, 다만 주장을 명료하게 하는 데 필수적인 때만 논쟁이나 반론에 관해 간략하게 논의한다. 2부는 장마다 1부의 상응하는 장에 담긴 기본 주장을 한두 쪽에 걸쳐 요약하고, 이어서 1부에서 제외한 학술적 쟁점들을 탐구한다. 원래 염두에 둔 목표는 1부에서 전체 분석에 담긴 복잡한 이론적 사고들을 충분히 반영하면서도 곁가지 논의와 번잡한 학술적 방해물을 피하는 데 있었다. 버소 출판사 편집자들은 이런 구상을 열렬히 찬성했고, 1부를 얇고 값싼 단행본으로 편집해서 1부와 2부를 별도의 단행본으로 동시에 출간한다는 데 동의했다.

실제로 책을 집필하는 방법은 먼저 1부 전체 장의 초고를 충실하게 쓰면서 2부의 상응하는 장에서 논의가 필요한 쟁점들에 관해 메모를 하는 식이었다. 일단 2부의 복잡한 논의로 들어서게 되면 어쩔 수 없이 1부의 각 장을 수정하게 되리라는 사실을 알았지만, 그래도 먼저 전체 논의를 펼쳐 보이는 방식이 최선이라고 생각했다.

2018년 3월에 이르러 처음 다섯 장을 채울 충실한 초고가 만들어졌다. 책에서 가장 중요한 부분이라고 할 수 있는 3장 〈반자본주의의 갈래들〉은 여러 차례 반복을 거치며 수십 차례 공개 발표에서 각각 다른 형태로 소개됐다. 1장, 2장, 4장은 모두 《리얼 유토피아》에서 쓴 내용에 꽤 밀접히 관계되는데, 내가 보기에도 흡족한 결과물이다. 특히 4장은 대부분 전작의 5~7장에서 제시한 견해를 압축했다. 국가 문제를 다루는 5장은 전작에서 체계적으로 논의하지 않았지만 다른 곳에서 이미 다룬 쟁점들을 탐구하는 내용인 만큼 마찬가지로 구성이 탄탄하다고 생각한다. 6장은 아직 쓸 내용이 남아 있다. 전에 체계적으로 다루지 않은 쟁점, 곧 효과적인 방법으로 자본주의를 변혁하는 행동에 나설 수 있는 집합적 행위자들을 형성하는 문제를 다루는 장이다. 그렇지만 이 중대한 주제에 관해 내가 독창적으로 말할 내용이 거의 없다고 하더라도, 적어도 현재 문제가 되는 쟁점들을 명쾌하게 밝힐 수는 있었다.

지난 4월 초에 나는 급성 골수성 백혈병이라는 진단을 받았다. 긴 시간에 걸쳐 여러 차례 일시적 치료를 했지만 병을 막을 방법은 없다. 남은 치료법은 골수 줄기세포 이식뿐이다. 이식에 성공하면 치료가 될 테지만 실패하면 죽게 된다. 생존 가능성이 아주 낮지는 않아도 확신을 갖기는 어렵다.

처음 진단을 받고서 버소 출판사에 연락해 상황을 설명했다. 이식 조건을 맞추려면 항암 화학 요법을 여러 차례 해야 해서 줄기세포 이식 수술을 받는 데 몇 달이 걸리니까 6장의 초고를 쓸 시간을 벌 수 있으리라 기대했다. 나는 초고를 완성하면 2부를 다 쓸 때까지 기다리지 말고 1부만 얇은 책으로 먼저 내자고 제안했다. 일이 잘 풀려서 이식이 성공하면 나중에 2부를 쓸 수 있다고 말했다. 물론 그때 가서도 2부가 충분한 의미를 지녀야 할 테지만.

이제 7월 말이다. 책을 마무리하고 싶은 마음은 간절했지만 6장을 쓰는 작업은 버거운 일이었다. 몇 시간씩 몸과 마음을 집중해서 쓸 수 있을 때도 많았지만, 그렇게 할 수 없는 날들도 꽤 됐다. 지금껏 나는 글을 쓸 때마다 언제나 사적이거나 공적으로 대화를 나누면서 생각과 글을 다듬었는데, 이번에는 그렇게 하지 못했다. 그래도 단행본이 갖춰야 할 취지에는 부합한다고 생각한다.

책의 원래 제목인 '21세기에 반자본주의자로 사는 법How to Be an Anticapitalist in the Twenty-First Century'에 관해 한 마디만 하겠다. 이 책에서 나는 급진적 형태의 경제민주주의라고 할 수 있는 민주적 시장사회주의를 옹호하는 주장을 펼친다. 따라서 '21세기에 민주사회주의자로 사는 법How to Be a Democratic Socialist in the Twenty-First Century'이라는 제목을 붙일 수도 있었다. 그렇지만 좀더 포괄적인 의미를 지닌 '반자본주의자'라는 용어를 쓰기로 했다. 이 책에 담긴 주장의 많은 부분이 자본주의에는 반대하지만 사회주의에는 회의적인 사람들에게 타당하기 때문이다. 내가 제시하는 주장을 통해 적어도 몇몇 사람이라도 급진적인 사회주의적 경제민주주의가 자본주의를 넘어서는 실현 가능한 종착지에 관해 생각하는 최선의 길이라는 사실을 확신하게 되기를 기대하지만, 이미 그런 전망에 동의하는 사람들에게만 이 책이 의미 있게 보이기를 바라지는 않는다.

에릭 올린 라이트

위스콘신 주 매디슨에서

2018년 8월

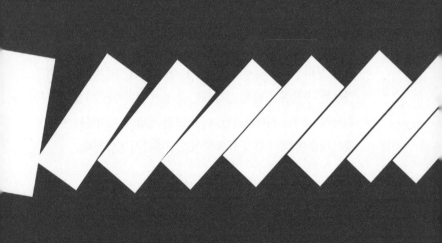

1장

왜
반자본주의자인가

많은 사람들에게 반자본주의 사상은 우스꽝스럽게 비친다. 어쨌든 최근에 자본주의 기업들이 생산한 재화와 서비스에서 나타나는 환상적인 기술 혁신을 보라. 스마트폰과 영화 스트리밍, 무인 주행 자동차와 소셜 미디어, 많은 질병 치료약, 풋볼 경기와 비디오 게임에서 세계 곳곳의 선수 수천 명을 연결하는 점보트론 화면, 순식간에 집으로 배송되는 인터넷상의 오만 가지 소비재, 새로운 자동화 기술을 통한 노동 생산성의 놀라운 증대 등을 보라. 한편 자본주의 각국의 경제에서 소득이 불평등하게 분배되는 현실이 보이지만, 거의 모든 나라에서 평균적인 개인, 그리고 심지어 가난한 사람들도 손에 넣을 수 있는 소비재의 범위가 극적으로 넓어진 현실도 보인다. 반세기라는 간격을 두고 1968년과 2018년의 미국을 비교하기만 하면 된다. 에어컨, 자동차, 세탁기, 식기세척기, 텔레비전, 실내 화장실 등을 가진 미국인 비율은 50년 동안 극적으로 높아졌다. 대부분의 인구 범주에서 기대 수명이 늘어났고, 유아 사망률은 낮아졌다. 이런 목록은 끝이 없다. 그리고 21세기인 지금, 이런 기본적인 생활 수준은 세계의 몇몇 가난한 지역에서도 향상되는 중이다. 자유 시장을 받아들인 이래 중국인들의 물질적 생활 수준이 향상된 모습을 보라. 무엇보다도 러시아와 중국이 자본주의의 대안을 시도한 때 무슨 일이 벌어졌는지 보라! 두 체제가 저지른 정치적 억압과 야만은 제쳐두고라도 둘 다 경제적으로 실패했다. 자, 그렇다면 사람들의 생활을 향상시키는 데 관심을 둔다고 할 때 당신은 어떻게 반자본주의자일 수 있을까?

지금까지는 하나의 이야기, 표준적인 이야기다.

여기 또 다른 이야기가 있다. 자본주의의 전형적인 특징은 풍요 한가운데에 빈곤이 자리한다는 사실이다. 이런 현상이 자본주의의 유일한 해악은 아니지만, 자본주의 경제의 가장 중대한 단점이자 두드러진 특징이다. 특히 자기가 겪는 곤경에 분명 아무런 책임도 없는 아동의 빈곤은 부유한 사회의 도덕적 책임이며, 어쩌면 쉽게 근절할 수 있다. 확실히 경제 성장과 기술 혁신, 생산성 증대와 소비재의 하향 확산이 두드러지지만, 자본주의의 발전으로 생계가 파괴되는 다수의 빈곤, 자본주의 노동 시장의 밑바닥에 내몰린 사람들의 불안정화, 다수를 소외시키는 지루한 노동 등이 자본주의적 경제 성장하고 나란히 나타난다. 자본주의는 몇몇 사람에게는 생산성의 대규모 증대와 거대한 부를 안겨줬지만, 많은 사람들은 여전히 근근이 살아가느라 분투한다. 자본주의는 성장 기계일 뿐 아니라 불평등 증대 기계다. 무엇보다도 가차없는 이윤 추구에 따라 움직이는 자본주의가 환경을 파괴하고 있다는 점은 어느 때보다도 더욱 분명해지는 중이다. 어쨌든 중요한 문제는 자본주의 각국 경제 안에서 장기적으로 평균적인 물질적 조건이 개선되고 있는지가 아니라 역사의 이 시점에서 내다볼 때 대안적인 경제에서 대부분의 사람들을 둘러싼 상황이 나아질

지다. 20세기 러시아와 중국의 중앙 집중적이고 권위주의적인 국가 운영 경제가 여러 면에서 경제적 실패작이라는 사실은 맞지만, 이런 체제가 우리 앞에 놓인 유일한 가능성은 아니다.

두 이야기 모두 자본주의의 현실에 닻을 내리고 있다. 자본주의가 세계 속 삶의 물질적 조건을 변혁하고 인간 생산성을 거대하게 증대했다는 생각은 환상이 아니다. 많은 사람들이 그런 혜택을 누린다. 그렇지만 마찬가지로 자본주의가 거대한 해악을 낳을 뿐 아니라 근절할 수 있는 인간 고통의 형태들을 영속하게 한다는 생각도 환상이 아니다. 실질적인 견해차, 그러니까 근본적인 견해차는 우리가 자본주의에서 목도하는 생산성과 혁신과 역동성을 유지하는 채로 해악을 없앨 수 있는지에 관련된다. 마거릿 대처는 1980년대 초에 대안은 없다고 공언한 일로 유명하다. 20년 뒤 세계사회포럼World Social Forum은 다른 세상은 가능하다고 선언했다. 근본적인 쟁점은 바로 여기에 있다.

이 책의 핵심 주장은 이렇다. 첫째, 다른 세상은 정말로 가능하다. 둘째, 다른 세상은 대부분의 사람들에게 인간 행복 human flourishing*의 조건을 향상시킬 수 있다. 셋째, 이 새로운

---

* 아리스토텔레스가 말한 '에우다이모니아(eudaimonia)', 곧 '인간의 고유한 기능이 덕에 따라 탁월하게 발휘되는 영혼의 활동'을 뜻하는 행복 개념이다. 단순한 만족의 상태를 넘어서 자기가 지닌 잠재력을 실현하는 상태를 가리킨다 — 옮긴이.

세상의 요소들은 오늘날의 세상에서 이미 창조되는 중이다. 그리고 마지막으로, 여기에서 다른 세상으로 옮겨가는 길이 있다. 반자본주의는 우리가 사는 세계의 해악과 불의를 바라보는 도덕적 관점으로 가능할 뿐 아니라 또한 인간 행복을 증진시키는 대안을 건설하기 위한 현실적인 관점으로 가능하다.

이 장에서 나는 '자본주의'가 무엇인지를 설명하고, 더 나아가 하나의 경제 체제로서 자본주의를 평가할 근거를 탐구함으로써 이 주장의 토대를 닦으려 한다.

자본주의란 무엇인가

일상생활과 학술 연구에서 쓰는 많은 개념이 그러하듯 '자본주의'를 정의하는 방법은 여러 가지다. 많은 이들이 볼 때 자본주의와 시장 경제는 같은 말이다. 사람들이 물건을 만들어 자발적인 합의를 거쳐 다른 사람에게 파는 경제를 가리킨다. 다른 이들은 '시장' 앞에 '자유'라는 단어를 덧붙여서 자본주의란 국가가 시장 거래를 최소한으로 규제하는 경제라는 점을 강조한다. 그리고 또 다른 이들은 자본주의가 시장만이 아니라 자본의 사적 소유로 특징지어진다는 점을 강조한다. 또한 사회학자, 특히 마르크스주의 전통에 영향을 받은 사회학자들은 대체로 여기에 자본주의가 특정한 종류의 계급 구조로 특징지어진다는 점을 덧붙이기도 한다. 이 구조에서는 경제에서 실제로 일하는 사람들, 곧 노동 계급이 생산수단을 소유하지 못한다. 따라서 경제에는 최소한 두 가지 기본 계급이 존재한다. 생산수단을 소유하는 자본가와 피고용인으로서 노동력을 제공하는 노동자 말이다.

이 책 전체에 걸쳐 나는 시장 경제로서 자본주의 개념과 특정한 종류의 계급 구조를 통해 조직되는 자본주의 개념을 둘 다 가리키는 데 자본주의라는 용어를 쓴다. 이 조합에 관해 생각하는 한 가지 방법은, 시장 차원은 경제 체제에서 일어나는 경제 활동 조정(탈집중화된 자발적 교환, 공급과 수요, 가격 등을 통한 조정)의 기본 메커니즘을 확인하는 개념이고 계급 구조는 경제 체제 안의 중심적인 권력 관계(사적 자본 소유자와 노동자 사이의 권력 관계)를 확인하는 개념이라는 시각이다. 이렇게 개념을 정교하게 다듬으면 자본주의 없는 시장을 만들 수 있게 된다. 이를테면 생산수단을 국가가 소유하는 시장이 존재할 수 있다. 국가가 기업을 소유하고 직접 투자나 국영 은행의 대출로 이런 기업들에 자원을 할당한다. 이런 체제는 **국가주의 시장 경제**statist market economy라고 부를 수 있다(어떤 이들은 '국가자본주의'라고 지칭한 적이 있다). 또는 시장 경제에 존재하는 기업들이 피고용인이나 소비자가 소유하고 지배하는 다양한 종류의 협동조합 형태를 띨 수 있다. 이런 조직을 통해 조직되는 시장은 **협동조합 시장 경제**cooperative market economy라고 부를 수 있다. 이 두 종류의 시장 경제에 대 조적으로, 자본주의 시장 경제가 지닌 독특한 특징은 사적 자 본 소유자들이 기업 내부와 경제 체제 전체 내부에서 모두 권 력을 휘두르는 방식이다.

자본주의에 반대하는 근거

자본주의는 반자본주의자를 낳는다. 일정한 시간과 장소에서 자본주의에 맞선 저항은 해악의 원천을, 그리고 그런 해악을 근절하기 위해 무엇을 해야 하는지에 관한 분명한 처방을 체 계적으로 진단하는 일관된 이데올로기로 구체화된다. 다른 상 황에서는 반자본주의가 표면적으로는 자본주의에 거의 상관 이 없는 여러 동기들 안에 가려진다. 근대를 거부하고 고립된 공동체에서 안식을 찾게 만드는 종교적 믿음이 대표적 사례 다. 때로 반자본주의는 현장 노동자들이 사장이 하는 요구에 개인적으로 저항하는 형태를 띤다. 또한 때로는 노동 조건을 둘러싸고 집단적 투쟁을 벌이는 노동자 조직으로 구체화된 다. 자본주의가 존재하는 때라면 언제나 이런저런 형태의 불 만과 저항이 생겨난다.

자본주의 내부에서, 그리고 자본주의를 둘러싸고 벌어지 는 다양한 형태의 투쟁에서 두 종류의 일반적인 동기가 작동한다. 바로 **계급적 이해관계와 도덕적 가치**다. 우리는 자본주의가 우리 자신의 물질적 이해관계를 해치기 때문에 자본주의에 반대하기도 하고, 우리에게 중요한 어떤 도덕적 가치를 거스르기 때문에 반대하기도 한다.

1970년대 말의 한 포스터를 보면 어느 노동 계급 여성이 울타리에 기대 서 있는 모습에 이런 설명이 붙어 있다. "계급의식은 당신이 울타리 어느 쪽에 있는지를 아는 것, 계급 분석은 당신 옆에 누가 있는지를 알아내는 것." 울타리의 비유는 자본주의를 둘러싼 충돌이 계급적 이해관계의 충돌에 뿌리를 둔다고 본다. 울타리 양쪽에서 어디에 있는지에 따라 이해관계가 서로 대립하는 친구와 적이 규정된다. 어떤 사람들은 울타리 위에 걸터앉을지 모르지만, 결국 선택을 해야 한다. "당신은 우리 편이 아니면 적이다." 몇몇 역사적 상황에서는 이 울타리를 규정하는 이해관계를 알아내기가 무척 쉽다. 남북전쟁 이전 미국에서는 노예들이 노예제의 피해자였고, 따라서 노예들은 노예제 폐지에 계급적 이해관계를 지닌 반면 노예주들은 노예제 영속에 이해관계가 걸린 사실을 거의 모두 분명히 알 수 있다. 노예 소유에 관련해 어떤 노예주가 어느 정도 양가감정을 느낄 수도 있지만(이를테면 토머스 제퍼슨은 확실히 그랬다), 이런 양가감정은 계급적 이해관계 때문이 아니었다. 사실은 계급적 이해관계와 그 노예 소유주들이 지닌 일정한 수준의 도덕적 가치 사이에 긴장이 자리하기 때문이었다.

현대 자본주의에서는 상황이 더 복잡하며, 자본주의를 둘러싼 계급적 이해관계를 정확히 어떻게 파악해야 하는지가 분명하지 않다. 물론 자본주의에 관해 물질적 이해관계가 분명한 일정한 범주의 사람들이 존재한다. 대규모 자산 보유자와 다국적 기업 최고 경영자들은 분명 자본주의를 옹호하는 데 이해관계가 있다. 반면 착취형 공장 노동자, 저숙련 육체노동자, 불안정 노동자, 장기 실업자 등은 자본주의에 반대하는 데 이해관계가 있다. 그렇지만 자본주의 경제에 속한 다른 많은 사람들은 상황이 그렇게 뚜렷하지 않다. 이를테면 교육 수준이 높은 전문직과 경영자, 다수의 자영업자는 이른바 **계급 관계 안에서 모순적인 위치**를 차지하며, 자본주의에 무척 복잡하고 종종 일관성이 없는 이해관계를 지닌다.

만약 세계가 울타리 양쪽 편에 자리한 두 계급만으로 구성된다면, 반자본주의를 오로지 계급적 이해관계 측면에만 고정시키는 정도로 충분하다. 고전적 마르크스주의는 기본적으로 이런 방식으로 문제를 바라봤다. 계급 구조 내부에 복잡성이 자리한다고 하더라도 자본주의의 장기적 동학은 자본주의에 찬성하거나 반대하는 쪽으로 이해관계를 뚜렷하게 양분하는 경향을 띠게 돼 있었다. 이런 세계에서 계급 의식은 주로 세계가 어떻게 작동하는지, 그리하여 어떻게 일부 계급의 물질적 이해관계를 희생시키면서 다른 계급의 이해관계에 봉사하는지를 이해하는 문제였다. 일단 노동자들이 이 현상을 이해하면 자본주의에 반대할 수밖에 없다는 논리였다. 이런 이유 때문에 많은 마르크스주의자들은 사회적 부정의와 도덕적 결함의 측면에서 자본주의를 향한 체계적 비판을 발전시킬 필요는 없다고 주장했다. 자본주의가 다수 대중의 이해관계를 해친다는 사실을 보여주는 정도로 충분하며, 자본주의가 부정의하다는 사실을 보여주는 일도 필요하지 않다. 자본주의가 부정의하다거나 도덕적 원칙에 위배된다고 노동자들을 설득할 필요는 없다. 자본주의란 **노동자들에게** 심각한 해악을 끼치는 원천이며(자본주의는 노동자의 물질적 이해관계를 거스른다), 자본주의를 바꿀 수 있다는 유력한 진단이 필요할 뿐이다.

이렇게 순전히 계급적 이해관계에 근거한 자본주의 반대론은 21세기에는 충분하지 못한데, 아마 과거에도 전적으로 충분하지는 않았다. 여기에는 쟁점이 세 가지 있다.

첫째, 계급적 이해의 복잡성 때문에 언제나 울타리의 어느 한쪽 편에 분명하게 이해관계가 존재하지 않는 사람들이 많이 있게 마련이다. 그런 이들이 기꺼이 반자본주의 구상을 지지할지 말지는 문제가 되는 다른 종류의 가치에 어느 정도 좌우된다. 자본주의를 극복하려는 전략이 실행 가능하려면 그런 이들이 보내는 지지가 중요하기 때문에 계급적 이해관계만이 아니라 어느 정도 여러 가치를 중심으로 연합을 형성하는 문제가 관건이 된다.

둘째, 현실을 보면 대부분의 사람들은 단지 현실적인 경제적 이해관계만이 아니라 최소한 어느 정도는 도덕적 관심에 따라서 움직이기도 한다. 계급적 이해가 분명한 사람들조차 도덕적 관심에 뿌리를 두는 동기가 상당히 중요할 수 있다. 사람들은 종종 자기의 계급적 이해관계를 거슬러서 행동하는데, 그런 이해관계를 이해하지 못하기 때문이 아니라 다른 가치가 더 중요하기 때문이다. 역사상 가장 유명한 사례는 카를 마르크스의 친밀한 동료인 프리드리히 엥겔스가 손꼽힌다. 엥겔스는 부유한 자본가 공장주의 아들이지만 자본주의에 반대하는 정치 운동을 진심으로 지지했다. 19세기 미국 북부의 노예제 폐지론자들은 계급적 이해관계 때문이 아니라 노예제가 잘못된 제도라는 신념에 바탕해 노예제에 반대했다. 반자본주의가 계급적 이해에 부합하는 사람들도 사회 변화를 위한 투쟁에 계속 전념하려면 가치에 뿌리를 둔 동기가 중요하다.

마지막으로, 자본주의를 대체할 여러 대안이 바람직한지를 생각할 때는 투명한 가치가 필수다. 우리는 자본주의가 무엇이 잘못됐는지 평가하는 기준만이 아니라 대안에 관련해 무엇이 바람직한지를 평가하는 방법이 필요하다. 그리고 우리가 실제로 대안을 건설할 수 있으려면, 그 대안이 이런 가치들을 어느 정도 실현하는지 평가할 확실한 기준이 필요하다.

그리하여 물론 자본주의가 일정한 범주에 해당하는 사람들의 물질적 이해관계를 구체적으로 어떻게 해치는지 확인하는 과정이 대단히 중요하기는 하지만, 경제가 어떤 가치를 촉진시키기를 바라는지 분명하게 하는 일도 필요하다. 이 장의 나머지 부분에서는 반자본주의의 도덕적 토대와 더 나은 대안의 탐색을 구성하는 가치들을 탐구하자.

규범적 토대

세 가지 가치군이 자본주의를 향한 도덕적 비판에서 중심적이다. 바로 평등/공정, 민주주의/자유, 공동체/연대다. 이 가치들은 최소한 프랑스 혁명에서 선언된 자유, 평등, 우애의 이상까지 거슬러 올라가는 기나긴 사회적 투쟁의 계보를 자랑한다. 또한 이 가치들은 모두 열띠게 경합하는 여러 의미를 지닌다. 민주주의나 자유, 또는 일정하게 해석된 평등에 반대한다고 말하는 이는 거의 없지만, 사람들은 여전히 이 단어들에 담긴 진짜 내용을 놓고 의견이 뚜렷이 갈린다. 정치철학자들은 이런 종류의 주장을 둘러싸고 여전히 매우 분주하게 논의한다. 여기에서 이 논쟁들을 분류할 생각은 없다. 나는 다만 자본주의 비판을 명료하게 만드는 이 가치들을 설명하려 한다.

평등/공정

평등 개념은 거의 모든 사회 정의 관념의 중심에 자리한다. 소유권을 강조하는 초자유주의적인 정의 관념도 법 앞에서 권리의 평등을 주장한다. 미국 독립선언은 이렇게 밝힌다. "우리는 다음 같은 사실을 자명한 진리로 인정한다. 모든 인간은 평등하게 태어났고, 창조주는 양도할 수 없는 일정한 권리를 인간에게 부여했으며, 생명권과 자유권과 행복 추구권은 이런 권리에 속한다." 평등한 기회 개념은 대부분의 미국인이 폭넓게 받아들인다. 따라서 대개 사람들은 가난한 집에서 태어난 아이가 부잣집에서 태어난 아이보다 기회를 덜 누리는 현실이 부당하다는 사실을 인정한다. 그런 불평등을 바로잡는 과정에서 할 수 있는 일이 많지 않다고 생각하더라도 말이다.

따라서 대부분의 사람들은 현대 자본주의 사회에서 일정한 평등이라는 이상을 지지한다. 의견이 크게 갈리는 지점은 평등주의적 이상의 실체에 관련된다. 이런 불일치 때문에 20세기의 마지막 수십 년 동안 정치철학자들 사이에서 무척 활발한 논의가 벌어졌다. 바로 '무엇의 평등인가?' 논쟁이다. 평등주의의 이상은 **기회의 평등**인가? 만약 그렇다면 무엇을 위한 기회인가? 아니면 **자원의 평등**이 평등주의의 이상인가? 능력의 평등인가? 복지나 안녕의 평등인가? 여기서 나는 우리가 하나의 가치로서 평등을 어떻게 생각해야 하는지 제안하고 싶다.

정의로운 사회에서는 모든 사람이 행복한 삶을 누리는 데 필요한 물질적 수단과 사회적 수단에 관련해 대체로 동등한 접근권을 지녀야 한다.

이 언명에는 많은 내용이 압축돼 있다. 하나씩 살펴보자.

첫째, 뭔가에 관련된 '대체로 동등한 **접근권**'이라는 개념에는 평등주의 원리가 담겨 있다. 이 개념은 동등한 **기회**하고는 약간 다르다. 이를테면 동등한 기회는 복권으로 충족되기도 하지만, 이런 방법은 사람들에게 행복한 삶에 다가갈 접근권을 부여하는 공정한 방식으로 보기 어렵다. 동등한 기회는 또한 사람들이 간혹 이야기하는 '동등한 출발점starting-gate equality'을 누려야 한다는 말이 주된 쟁점이라는 생각을 함축한다. 동등한 기회를 가지고 시작하는 한 설령 그 뒤에 당신이 기회를 허비하더라도 '음, 그거 참 안타까운 일이군' 하는 식이다. 당신이 잘못한 일이니 불만을 가질 이유가 하나도 없게 된다. 반면 '동등한 접근권'은 인간이 놓인 조건을 더욱 관대하고 동정 어린 시선으로 바라본다. 또한 사회학적이나 심리학적으로 한결 현실적이다. 사람들은 일을 자주 망치고, 10대들은 근시안이어서 어리석은 결정을 내릴 수 있다. 누구의 삶에서나 무작위적인 사건과 운이 좋은 쪽으로든 나쁜 쪽으로든 큰 구실을 한다. 열심히 일하면서 커다란 장애물을 극복하고 삶에서 큰 업적을 쌓는 사람이라 해도 성공은 대부분 무작위적인 행운 덕분이다. 자기가 정말로 책임이 있는 일과 책임이 없는 일을 무 자르듯 분명히 구분하기란 사실상 불가능하다. 정의로운 사회에서는 사람들이 전 생애에 걸쳐 최대한 많이 행복한 삶을 누리기 위한 조건에 다가갈 동등한 접근권을 지녀야 한다는 개념은 이런 사회학적이고 심리학적인 삶의 진실을 인정한다. 물론 기회의 평등은 여전히 소중한 개념이지만, 사회학에서 볼 때 동등한 접근권이 평등주의의 이상을 이해하는 더욱 적절한 방법이다.

이제 '행복'을 살펴보자. 한 사람이 삶을 잘살고 있다는 말의 의미를 두고 철학자와 보통 사람들은 여러 가지 방식으로 생각한다. 행복은 하나의 잣대다. 대체로 대부분의 사람들은 누군가 불행하기보다는 행복할 때 삶을 더 잘살고 있다고 말하며, 또한 행복을 촉진하는 제도가 행복을 방해하는 제도보다 더 낫다고 주장한다. 미국 독립선언에 행복 추구권이 명문화된 사실은 그런 주장의 중요성을 증언한다. 의미 있는 삶 또는 성취하는 삶은 또 다른 정식화다. 몇몇 철학자들은 복지나 안녕에 관해 이야기한다. 이 모든 개념은 서로 연결된다. 어쨌든 어떤 사람이 자기 삶에서 무의미하다는 감정을 느낀다면 그 사람이 정말로 행복하다고 말하기는 어렵다.

내가 말하는 인간 **행복** 개념은 어떤 사람이 잘산다는 포괄적인 인식을 포착하려는 장치다. 행복한 삶이란 사람이 능력과 재능을 발전시켜 삶의 목표를 추구할 수 있는 삶이며, 따라서 일반적인 의미에서 자기의 잠재력과 목표를 실현할 수 있는 삶이다. 어떤 사람의 건강과 신체 상태를 생각하면, 이 말에 담긴 의미를 이해하기가 쉽다. 행복한 삶이란 단순히 병이 없다는 의미를 넘어서며, 세상에서 정력적으로 살 수 있는 기반이 되는 신체적 활력이라는 긍정적인 의미 또한 담겨 있다. 마찬가지로 삶의 다른 측면들에 관련해서도 행복은 단지 심각한 결함이 없다는 수준을 넘어서 적극적이고 건강하게 능력을 실현하는 상태를 함축한다.

나는 우리가 정의로운 사회에 관해 생각할 때 현실적으로 만족이나 안녕, 삶의 의미, 성취, 행복 중에서 어디에 초점을 맞추는지는 중요하지 않다고 생각한다. 이런 목표들은 모두 서로 단단히 연결돼 있으며, 그중 하나를 실현하는 데 필요한 조건에 다가갈 접근권을 개선하면 다른 요소들에도 긍정적인 영향이 미친다는 점은 거의 확실하다.

평등의 가치는 정의로운 사회에서는 모든 사람이 실제로 똑같이 행복한 삶을 산다는 말이 아니다. 모든 사람이 행복한 삶에 **필요한 사회적 수단과 물질적 수단**에 다가갈 **접근권**을 동등하게 누린다는 점이 중요하다. 정의로운 사회에서는 행복하지 못한 사람이라도 아무도 자기가 속한 사회 제도와 사회구조 때문에 행복에 필요한 물질적 조건과 사회적 조건에 접근하는 기회가 가로막혔다고 불평할 수 없다.

물론 행복한 삶을 살기 위한 **물질적 수단**은 시간과 장소에 따라 아주 다양하겠지만, 대체로 여기에는 무엇보다도 적절한 음식, 주거, 의복, 이동 수단, 오락, 의료, 교육 등이 포함된다. 시장 경제에서는 사람들이 이런 많은 수단을 사들일 충분한 소득이 있어야 한다. 그렇다고 해서 모든 사람이 똑같은 소득 수준을 누려야 한다는 말은 아니다. 사람들은 여러 이유에서 각자 욕구가 다르며, 따라서 행복한 삶에 필요한 물질적 수단에 다가갈 동등한 접근권은 각기 다른 소득 수준에 다가갈 접근권을 의미한다. 고전적 사회주의의 분배 원리가 '각자에게 똑같이'가 아니라 '각자에게 필요에 따라'인 이유는 바로 이런 점 때문이다.

행복한 삶을 누리기 위한 사회적 수단은 물질적 수단보다 복잡하며, 이런 사회적 수단의 목록을 작성하면 논쟁적인 항목들이 거의 확실하게 포함될 듯하다. 나는 적어도 다음 같은 항목을 포함시키려 한다. 일반적으로 '노동'이라고 부르는 일에 연결된 의미 있고 성취감을 주는 활동, 친밀성과 사회적 연결, 자기 삶을 의미 있게 통제한다는 뜻을 지닌 자율성, 사회적 존중이나 몇몇 철학자가 말하는 사회적 인정. 인종, 젠더, 섹슈얼리티, 외모, 종교, 언어, 종족, 그 밖의 개인의 두드러진 속성에 연결된 사회적 낙인은 행복을 위한 물질적 수단에 다가갈 접근권을 여러 모로 가로막을 뿐 아니라 인간 행복 자체를 방해한다. 정의로운 사회에서는 모든 사람이 행복한 삶에 필요한 이런 사회적 조건에 다가갈 동등한 접근권을 누린다.

평등주의적 공정의 원리는 강력하다. 이 원리에 따르면, 정의로운 사회에서는 단지 특정 종류의 사람들이 아니라 '**모든 사람**'이 동등한 접근권을 누려야 한다. 인종, 젠더, 계급, 신체 능력, 종교, 종족에 뿌리를 두고 행복의 조건에 다가갈 접근권을 불평등하게 하는 일은 모두 부정의가 된다. 그런데 민족이나 시민권은 어떨까? '사회'라는 단어는 '민족국가', 또는 협력하고 상호 작용하는 사람들의 사회적 제도를 의미하는 걸까? 세계화된 경제에서는 '한' 사회라는 개념이 무척 모호해진다. 세계 전체가 이 원리에 걸맞은 '사회'인가? 답하기 쉬운 물음은 아니지만, 우연히 어디서 태어나거나 살든 간에 모든 사람에게 가장 강력한 형태의 평등과 공정의 가치가 확대되게 된다. 어떤 사람들이 우연히 좋지 않은 국가에서 태어났다는 이유로 행복한 삶을 누리는 데 필요한 조건에 다가갈 접근권이 크게 줄어드는 현실은 부당하다. 여기 담긴 함의는 평등/공정의 가치에서 볼 때 사람들은 어디든 원하는 곳으로 이동할 수 있고, 정의의 원리가 보편적으로 적용돼야 한다는 사실이다.

그렇지만 그렇다고 해서 이런 부정의를 바로잡기 위해 어떻게 할 수 있고 해야 하느냐 하는 현실적인 문제가 해결되지는 않는다. 정치적 장애물이 너무 크기 때문이든, 국경을 철폐하는 데 따르는 부작용 탓에 다른 중요한 가치들이 훼손되기 때문이든, 시민권의 국가적 경계 때문에 생기는 부정의를 바로잡는 일은 현실적으로 불가능할지 모른다. 그렇지만 우리가 이 문제를 해결할 수 없다고 해서 평등/공정 가치의 측면에서 동등한 접근권을 가로막는 시민권 장벽이 정의롭다는 뜻은 아니다.

평등/공정의 가치에 연결되는 마지막 쟁점은 자연환경과

그 가치 사이의 관계에 관한 문제다. 여기에는 두 가지 연결되는 쟁점이 있다. 첫째는 '환경 정의'라고 불리는 문제에 관련된다. 이 말은 한 사회 안에서 환경 피해의 부담이 분배되는 방식을 가리킨다. 평등/공정의 가치에 따르면, 독성 폐기물과 오염, 그 밖의 환경 피해가 건강에 미치는 부담이 빈자와 소수자 공동체에 압도적으로 많이 부과되는 현실은 부당하다. 지구 온난화의 역효과가 가난한 나라에 집중되는 현실도 마찬가지로 부당한데, 온난화를 낳는 탄소 배출이 주로 부자 나라들이 벌이는 활동 때문에 생겨난다는 사실은 이런 부정의를 더욱 증폭시킨다. 이런 측면에서 볼 때 환경 정의는 행복한 삶을 누리기 위한 물질적 조건에 다가갈 동등한 접근권에 추가되는 중요한 차원이다.

둘째 쟁점은 현재의 행동과 미래의 환경 조건 사이의 관계에 관련된다. 우리는 행복한 삶을 누리기 위한 환경적 조건에 다가갈 접근성이라는 측면에서 미래 세대를 특별히 고려해야 할까? 아니면 공정성 개념은 오직 현재 세계에서 살고 있는 사람들의 접근권 분배만을 가리키는 걸까? 온난화가 가셔온 가장 심각한 부정적 영향은 미래 세대에게 미치게 되기 때문에 이 경우에 특히 두드러진 쟁점이 된다. 환경 피해에 연결된 이런 미래 지향적 쟁점은 **세대 간 정의**의 문제라고 생각할 수 있다.

미래 세대는 최소한 현재 세대만큼 행복한 삶을 누리는 데 필요한 사회적 수단과 물질적 수단에 다가갈 접근권을 누려야 한다.

이 문제는 환경적 지속가능성에서 도덕적으로 두드러진 쟁점이다. 장기적인 환경 악화에 관심을 기울여야 하는 주된 이유는 미래의 인간 행복이 훼손되기 때문이다. 미래 세대에게는 부당한 일이다.

민주주의/자유

나는 민주주의와 자유를 결합되는 가치로 본다. 대개 사람들은 두 가치가 어느 정도 구별되고 심지어 긴장 관계에 있다고 생각한다. 자유는 간섭 없이 하고 싶은 일을 할 수 있는 능력에 관련되는 반면, 민주주의는 모든 사람에게 구속력이 있는 규칙을 부과하는 과정에 관련된다. 특히 만약 민주주의가 협소하게 다수 지배에 동일시되면, 다수는 분명 소수에 속하는 사람들의 자유를 짓밟는 구속력을 갖춘 규칙을 부과할 수 있다.

그렇다면 나는 왜 민주주의와 자유가 밀접하게 연결된다고 보는 걸까? 그렇게 보는 이유는 두 개념이 모두 핵심적이고 근원적인 가치, 곧 이른바 **자기결정권이라는 가치**를 반영하기 때문이다.

완전히 민주적인 사회에서 모든 사람은 자기 삶에 영향을 미치는 일들에 관한 결정에 충분히 의미 있게 참여하는 데 필요한 수단에 관련해 대체로 동등한 접근권을 누린다.

문제가 되는 결정이 내게, 오직 나에게만 영향을 미친다면, 다른 누구의 간섭도 없이 내가 결정을 내릴 수 있어야 한다. 이런 상태를 우리는 자유freedom 또는 자유권liberty이라고 부른다. 누구의 허가도 받을 필요 없이, 다른 사람의 간섭을 받지 않고 어떤 일을 할 수 있는 상태를 말한다. 그렇지만 문제가 되는 결정이 다른 사람들에게 영향을 미친다면, 그 사람들 또한 그 결정의 당사자가 되거나 또는 적어도 자기가 참여하지 않은 채 내가 결정을 내리는 데 동의해야 한다. 모든 사람에게 구속력 있고 강제적인 규칙을 부과하는 결정이 특히 중요하다. 국가가 내리는 결정이 여기에 해당되는데, 그런 결정에는 규칙의 영향을 받는 모든 사람이 결정 과정에 의미 있게 참여할 수 있어야 한다. 우리가 보통 말하는 민주주의는 바로 이런 민주주의다. 국가 권력의 사용을 '인민'이 통제해야 한다. 그렇지만 민주주의 **사회**(단순한 민주주의 국가가 아니라)라고 하면 더 많은 요소를 함축한다. 민주주의 사회에서는 사람들이 자기 삶에 상당한 영향을 미치는 모든 결정에 의미 있게 참여할 수 있어야 한다. 그런 결정이 국가 내부에서 실행되든, 아니면 다른 종류의 제도 안에서 실행되든 상관없이 말이다.

민주적 일터, 민주적 대학, 민주적 가족 등은 민주주의 국가만큼이나 민주주의 사회의 중요한 부분이다.

이 정식화에서 자기결정권의 근본적인 의미는 사람들이 되도록 최대한 자기 삶의 조건을 결정할 수 있어야 한다는 데 있다. 따라서 자유와 민주주의의 차이는 밑바탕에 놓인 가치 자체가 아니라 한 사람의 삶에 영향을 미치는 행동의 맥락에 관련된다. 이번에도 마찬가지로 자유의 맥락은 결정을 내리는 사람에게게만 영향을 미치는 결정과 행동인 반면, 민주주의의 맥락은 다른 사람들에게도 영향을 미치는 결정과 행동이다.

그런데 실제로 한 사람이 실행할 수 있는 거의 모든 결정과 행동은 다른 사람에게 일정하게 영향을 미친다. 따라서 모든 사람이 자기에게 영향을 미치는 모든 결정의 참가자가 되기란 불가능하다. 또한 사회가 이렇게 포괄적인 민주적 참여로 나아가려 한다면 엄청난 일이 될 수 있다. 그러므로 우리에게는 자유의 맥락과 민주주의의 맥락 사이에 사회적으로 수용되는 경계를 규정하는 일련의 규칙이 필요하다. 이 규칙에 관해 이야기하는 데 필요한 개념이 **사적** 영역과 **공적** 영역 사이의 경계다. 사적 영역에서는 개인이 자기가 한 행동에 영향을 받는 사람들의 민주적 참여를 수반할 필요 없이 원하는 일을 자유롭게 하는 반면, 공적 영역에서는 직접적으로든 간접적으로든 결정의 영향을 받는 모든 사람이 참여를 권유받는다.

사적인 것과 공적인 것을 가르는 이런 구분선에서 자연적이거나 자생적인 부분은 전혀 없다. 모종의 사회적 과정을 통해 구분선이 만들어져야만 한다. 이 과제는 분명 매우 복잡하고 종종 치열한 경합이 벌어지는 현장이다. 섹슈얼리티, 낙태, 피임 등을 둘러싸고 오랫동안 벌어진 정치적 투쟁은 모두 각 개인이 자유롭게 선택할 수 있는 섹스와 육체라는 매우 사적인 영역과 사회 전체 중에서도 특히 국가 규제를 통해 사람들이 정당하게 간섭할 수 있는 공적 영역 사이의 경계에 관련된다. 몇몇 경계는 국가가 단호하게 강제한다. 몇몇 경계는 대부분 사회 규범을 통해 강제된다. 공적인 것과 사적인 것 사이의 경계는 종종 여전히 흐릿하다. 철저하게 민주적인 사회에서는 공적인 것과 사적인 것 사이의 경계 자체가 민주적 숙의와 결정에 종속된다.

민주주의와 자유는 그것 자체로 중요한 가치이지만, 또한 다른 가치들을 위한 수단이 되기도 한다. 특히 자기결정권은 그것 자체가 인간 행복을 위해 중요하다. 공정 개념하고 마찬가지로, 민주적 이상은 행복한 삶을 누리는 데(이 경우에는 결정 과정에 의미 있게 참여하는 데) 필요한 수단에 다가갈 능능한 접근권, 곧 권력 행사에 다가갈 동등한 접근권이라는 평등주의의 원리에 의존한다. 그렇다고 해서 모든 사람이 실제로 집합적 결정에 동등하게 참여한다는 말은 아니고, 참여를 가로막는 불평등한 사회적 장애물이 존재하지 않는다는 의미다.

공동체/연대

반자본주의에 연결되는 셋째 오래된 가치는 공동체, 그리고 여기에 밀접하게 관련된 연대 개념이다.

공동체/연대는 사람들이 단지 개인적으로 직접 받는 이득 때문만이 아니라 타인의 안녕에 관한 실제적인 책임과 그렇게 행동해야 한다는 도덕적 의무감 때문에도 서로 협력해야 한다는 원리를 표현한다.

이런 협력이 현세의 일상적 활동에서 벌어지면서 사람들이 서로 도울 때, 우리는 '공동체'라는 단어를 쓴다. 그리고 협력이 공동의 목표를 달성하기 위한 집합적 행동의 맥락에서 진행될 때는 '연대'라는 용어를 쓴다. 연대는 또한 대체로 집합적 힘('뭉치면 살고 흩어지면 죽는다')이라는 개념을 암시하지만, 여기에서 요구되는 통일은 여전히 공동체하고 공유하는 원리에 토대를 둔다. 협력은 오직 개인의 협소한 자기 이익을 향한 도구적 관심이 아니라 타인에 관한 도덕적 의무와 관심의 조합에 따라 일어나야 한다는 원리다.

공동체의 가치는 사람들이 상호 작용하고 협력하는 모든 사회적 단위에 적용된다. 이런 의미에서 가족은 특히 두드러진 공동체이며, 건강한 가족에서는 확실히 사랑과 도덕적 관심 둘 다에 뿌리를 둔 협력이 기대된다. 부모가 자녀의 안녕에 쏟는 관심 때문이 아니라 오직 지금 투자를 해두면 나중에 괜찮은 금융 수익이 생길 듯하다고 느끼기 때문에 자녀에게 '투자'하는 가족을 생각해보라. 대부분의 사람들이 보기에 이런 태도는 중요한 가족의 가치에 위배된다. 종교로 뒷받침되는 도덕적 교훈은 종종 공동체와 연대의 가치를 구현한다. '네 이웃을 사랑하라', 그리고 '남에게 대접을 받고자 하는 대로 남을 대접하라.' 한 사람의 아픔은 모든 사람의 아픔'이라는 노동 운동의 진심 어린 구호에는 이런 가치가 담겨 있다. 동네, 도시, 민족, 조직, 동호회, 그 밖의 사회적 상호 작용과 협력의 모든 단위는 언제든 공동체의 가치가 나타날 수 있는 장소다.

물론 공동체라는 가치가 얼마나 두드러지는지는 시간과 공간에 따라 크게 다르다. 흔히 말하듯이 자연 재해에 자주 시달리는 장소에 사는 사람들은 종종 아주 인상 깊게 자기를 희생하는 방식으로 서로 도움을 준다. 전쟁 시기에는 이른바 '애국심'도 조국을 향한 사랑과 의무감으로 주입될 수 있는데, 둘 다 공동체와 연대의 가치에 연결된다. 평상시에 대부분의 사람들은 멀리 떨어진 곳에 있는 낯선 사람들에게 공동체의 가치를 거의 느끼지 못한다.

공동체/연대는 인간 행복에 연결되는 동시에 평등과 민주주의를 촉진하는 구실 때문에 소중하다. 간혹 좋은 사회에 관한 '공동체주의적' 관점이라고 거론되는 견해들은 사회적 유대와 호혜성이 인간의 안녕에 중요하다는 점을 강조한다. 공동체 의식이 상당히 강한 곳에서는 사람들이 스스로 덜 취약하고, 세상 속에서 편안하다고 느끼며, 삶의 목적과 의미를 더욱 안정되게 인식한다. 강한 공동체 의식은 행복한 삶을 구성하는 한 부분이다.

공동체/연대는 또한 평등과 민주주의에도 중요하다. 만약 당신이 일정한 사회적 공간에 속한 모든 사람의 안녕에 관련해 강한 관심과 도덕적 의무를 느낀다면, 그 사람들이 행복한 삶을 누리는 데 필요한 조건에 다가갈 동등한 접근권을 가져야 한다는 사실도 받아들이기가 더 쉽다. 흔히 가족 안에서 어린이들 사이에 적용되는 분배의 원리가 '각자에게 필요에 따라'의 원리하고 비슷한 현실은 이런 이유 때문이다. 더 큰 정치적 단위 안에서 이런 공동체 의식이 강할수록 평등주의와 재분배에 중점을 둔 안정된 공공 정책이 실행될 가능성이 높아진다. 마찬가지로 정치적 단위 안에 상당히 강한 공동체 의식이 존재할 때 민주주의의 가치가 더욱 철저하게 실현될 가능성이 높다. 사람들이 동료 시민의 안녕에는 상대적으로 거의 관심을 기울이지 않고 정치가 전적으로 이익 집단만을 중심으로 조직되는 사회 세계에서도 확실히 정치적 민주주의가 존재할 수 있다. 그렇지만 이런 민주주의의 질은 상당히 얇을 가능성이 높고, 공공선과 폭넓은 합의의 모색에 관해 진지한 공적 숙의를 진행할 공간도 적게 마련이다.

그렇지만 공동체/연대의 가치에는 어두운 측면이 존재한

다. 공동체 의식이 강하면 내부자와 외부자 사이에 엄격한 경계가 정해질 수 있다. 이렇게 되면 내부자들 사이에서는 일정하게 평등주의적 가치가 촉진될지 몰라도 외부자들을 향한 억압적 배제가 지지를 받을 수도 있다. 민족주의는 종종 이런 식으로 작동한다.

연대는 시민권 운동만이 아니라 큐클럭스클랜KKK의 집단적 투쟁 역량도 향상시킬 수 있다. 공동체에 결부되는 긍정적 가치들, 곧 타인을 향한 돌봄과 의무 등은 또한 권위에 복종하는 순응과 존중이라는 사회 규범에 맞물릴 수 있다. 이런 규범은 단지 외부자들을 대상으로 할 때뿐 아니라 사회 집단 안에서도 억압적이고 권위주의적인 관계를 뒷받침하기 쉽다.

이렇게 공동체와 연대는 민주주의와 인간 행복을 증진하는 동시에 가로막을 수도 있다. 그러므로 공동체의 가치는 해방적 이상에서 중요한 부분을 차지하지만, 이 가치가 평등이나 민주주의의 가치에 정확히 어떻게 접합되는지에 따라 많은 일이 좌우된다.

* * *

평등/공정, 민주주의/자유, 공동체/연대 같은 가치는 모든 사회 제도나 사회 구조를 평가하는 데 의미가 있다. 경제 체제만이 아니라 가족, 공동체, 종교, 학교, 국가 등도 이런 가치의

실현을 어떻게 촉진하거나 가로막는지에 따라 평가할 수 있
다. 그리고 물론 대안을 찾기 위한 제안도 이런 가치에 근거해
판단해야 한다. 다음 장에서는 자본주의가 이런 면에서 얼마
나 성공적인지를 검토하자.

2장

자본주의,
진단과 비판

반자본주의는 경제 체제를 조직하는 방법인 자본주의가 평등/공정, 민주주의/자유, 공동체/연대의 가치를 최대한 실현하지 못하게 방해한다는 주장에 상당한 정도로 의존한다. 물론 자본주의를 향한 다른 비판들도 있다. 이를테면 어떤 이들은 자본주의가 부자와 빈자, 자본가와 노동자 등 모든 사람의 인간 행복을 훼손한다고 주장한다. 부자와 권력자도 결국 가차없는 경쟁과 시장의 소외를 야기하는 압력에 종속된다. 공통된 비판은 자본주의란 불합리한 제도로서 불안정과 낭비를 낳는다는 주장이다. 이런 현상은 몇몇 계급에 속한 사람들에게 다른 이들보다 더 피해를 주는 문제는 제쳐두더라도 그것 자체로 바람직하지 않다. 많은 환경론자들은 자본주의가 환경 악화가 가져오는 해악을 불공정하게 분배할 뿐 아니라 모든 존재들을 위한 환경을 파괴하고 있다고 주장한다. 자본주의는 또한 전세계적 경제 지배의 한 형태로서 군사주의와 제국주의라는 연결을 통해 군사적 침략에 깊숙이 관여한다. 이런 특징은 각각 중요한 문제이며, 각기 다른 시간과 장소에서 반자본주의를 불러일으키는 데 결정적인 구실을 한다. 그렇지만 여기에서 우리는 반자본주의 투쟁의 가장 근본적인 뿌리가 되는 평등, 민주주의, 공동체 같은 가치들에 연결된 비판에 초점을 맞춘다.

본질적으로 자본주의는 행복한 삶을 누리는 데 필요한 물질
적 조건과 사회적 조건에 다가갈 접근권에 관련해 커다란 불
평등을 야기한다.

물질적 조건의 불평등에 반대하는 이유는 두 가지다. 첫째
이자 가장 직접적인 이유로, 모든 자본주의 경제에서 소득과
부의 불평등 수준은 사회 정의의 평등주의적 원리를 체계적으
로 침해한다. (행복한 삶을 누리는 데 필요한 조건에 다가갈
동등한 접근권이 아니라) 좀더 빈약한 동등한 기회라는 개념
을 채택하더라도 어떤 자본주의 경제도 그 기준에 근접한 적
이 없다. 세계 어디에서나 소득과 부의 분배상 상위 가구에 속
하는 아이들은 삶에서 상당히 더 많은 기회를 누린다. 세계 어
디서나 사람들은 자본주의적 경제 조직화 때문에 생겨난 이익
과 손해에 직면하지만, 자기들은 애당초 이런 이익과 손해에
아무 책임이 없다. 둘째, 자본주의 때문에 생겨난 불평등 수준
이 너무 심해서 어떤 사람들은 단순히 행복한 삶을 누리는 데
필요한 조건에 다가갈 불평등한 접근권이 아니라 아예 그런
조건 자체를 박탈당한다. 미국처럼 매우 부유한 자본주의 경
제에서도 수백만 명이 경제적으로 불안정한 삶을 살아간다.
가난에 연결된 나쁜 건강과 굶주림으로 고통받고, 안전하지
않은 동네에 거주하고, 빈곤에 연결된 사회적 경멸과 낙인에

시달린다. 자본주의는 이렇게 제거할 수 있는 형태의 인간 고통을 영속시킨다.

높은 수준의 경제적 불평등은 자본주의에서 우연한 현상이 아니라 자본주의의 기본적인 작동 메커니즘에 고유한 현상이다. 여기에서 작용하는 세 가지 폭넓은 쟁점이 있다. 하나는 자본주의 안에서 중심적인 자본과 노동의 관계에 관련된다. 둘째는 자본주의 시장에 존재하는 경쟁과 위험성의 성격에 관련된다. 그리고 셋째 쟁점은 경제 성장과 기술 변화의 역동적 과정에 관련된다.

계급과 착취

자본주의의 심장부에는 자본을 소유한 이들과 소유하지 못한 이들 사이의 뚜렷한 불평등이 존재한다. 절대 다수의 사람들이 생계 수단을 얻기 위해 유급 고용을 찾아야 하는 노동 시장이라는 현실의 밑바탕에는 이런 불평등이 자리한다. 대부분의 노동 시장 참가자들은 고용주가 자기들의 노동을 필요로 하는 정도보다 훨씬 더 많이 일자리가 필요하다. 그 결과 자본과 노동 사이에는 고유한 권력 불균형이 나타난다. 자본은 투자에 더 유리한 장소를 찾아 전세계를 쉽게 이동할 수 있는 반면 노동은 특정한 장소에 뿌리를 내리는 경향이 강한 세계화된 경제에서는 이런 권력 불균형이 한층 강화되면서 아주 특정한 종류의 경제적 불평등, 곧 착취가 생겨난다. 착취가 존재하는 경우에 단순히 몇몇 사람이 더 잘살고 다른 이들은 못 산다는 말이 아니다. 착취란 이런 상태 사이에 인과관계가 존재한다는 현실을 함축한다. 곧 부자가 부유한 이유는 어느 정도 빈자가 가난하기 때문이다. 자본 소유자의 소득은 어느 정도 노동자의 노동을 착취한 결과다.

경쟁과 위험성

자본과 노동의 불평등이 자본주의에서 가장 근본적인 불평등이지만, 자본주의 노동 시장 안에서는 상당히 많은 소득 불평등이 발생한다. 시간이 흐름에 따라 이익과 손해가 축적되면서 처음에 개인들 사이에 존재하는 불평등이 증폭되는 경향이 드러나는 현상은 시장 경쟁의 본성에 속한다. 승자와 패자가 존재하며, 한 번 승리하면 다음번에도 승리하기가 쉬워진다. 자본주의 기업들이 벌이는 경쟁은 이런 식이며, 노동 시장 내부에서 벌어지는 경쟁도 마찬가지다. 아울러 자본주의의 변덕성과 주기적 위기는 대체로 특권을 지닌 사람들보다는 노동자들과 소득 분배상 밑바닥에 있는 사람들의 삶에 훨씬 더 큰 영향을 미친다. 부유층은 빈곤층보다 위험성에 대비하는 능력도 한층 더 크다.

파괴적인 경제 성장

자본주의 경제 발전의 동학은 추가적인 불평등 생성 과

정을 더한다. 자본주의적 경쟁은 생산 과정 면에서나 생산하는 재화와 서비스 면에서도 기업에 상당한 혁신 압력을 야기한다. 물론 이런 압력은 자본주의의 커다란 매력 중 하나이며, 아마 자본주의 옹호론의 근거가 되는 핵심 특징일 듯하다. 문제는 이런 동학 때문에 종종 일자리가 사라지고 때로는 고용 부문 전체가 파괴된다는 점이다. 쫓겨난 노동자들이 곧바로 재훈련을 받고 기술과 적성에 적합한 일자리가 자리한 장소로 이동할 수 있다면, 그다지 문제가 되지 않을지 모른다. 그렇지만 훈련에는 시간과 자원이 필요하며, 사람들의 삶은 사회적 네트워크와 관계망에 얽매여 있기 때문에, 대개 이런 이동은 비용이 들고 쉽지도 않다. 그리고 쫓겨난 노동자들이 어떻게 해서든 재훈련을 받고 일자리를 찾을 수 있다고 생각하는 곳으로 이동할 수 있을 때에도 새로운 일자리의 유형과 수효가 그런 일자리를 찾는 쫓겨난 노동자들의 공급에 맞아떨어지리라는 보장은 전혀 없다. 자본주의 발전으로 새로운 일자리가 창출되고 그중 일부는 임금도 두둑한 한편, 일자리가 파괴돼 쫓겨난 사람들이 그 새로운 일자리를 메울 수 있는 인력으로 변신하게 해주는 자본주의 내적인 과정은 전무하다. 그 결과 자본주의 발전 과정의 승자와 패자 사이에 뚜렷한 불평등이 나타난다. 새로운 종류의 일자리가 창출되는 과정에 나란히 쫓겨난 노동자들의 주변화와 빈곤화가 진행된다.

자본주의 때문에 생겨나는 불의한 불평등은 소득과 부를

넘어서 확대된다. 자본주의는 또한 행복한 삶을 누리는 데 필요한 사회적 조건에서 극심한 불평등을 야기한다. 여기에서 의미 있고 성취감을 주는 형태의 노동이 특히 두드러진다. 자본주의 기업들이 만드는 대부분의 일자리는 충분한 소득을 제공하는 경우에도 지루하다. 물론 재화와 서비스를 생산하는 과정에서는 언제나 누군가는 즐겁지 않고 재미없는 업무를 해야 한다. 문제는 부담으로 경험되는 노동에 견줘 흥미롭고 성취감을 불러일으키는 노동 활동이 대단히 불평등하게 분배된다는 사실이다. 자본주의는 이런 부담을 분배하는 과정에서 극심한 불평등을 야기한다.

이런 과정 중에서 어느 것도 자본주의가 지배하는 경제에서는 이 체제가 야기하는 불평등에 관련해 아무것도 할 수 없다는 사실을 의미하지 않는다. 일정한 시간과 장소에서는 이 과정들이 야기하는 불평등을 상당히 중화할 수 있었다. 3장에서 우리가 '자본주의 길들이기'라는 표현으로 말하려 하는 주제의 일부가 이런 내용이다. 그렇지만 이런 길들이기를 하려면 비자본주의적 원리에 따라 작동하는 비자본주의적 제도들을 만들어야 한다. 이 제도들은 불평등을 축소하기 위해 자본주의적 과정에 강제로 간섭하고, 자본주의에서 국가로 자원을 이전해 재분배와 재훈련, 그 밖에 여러 형태의 국가 개입을 위해 활용한다. 자본주의는 그대로 내버려두면 물질적 조건과 사회적 조건에서 불평등 수준을 가차없이 높이는데, 이런 현실은 평등/공정의 가치에 위배될 뿐 아니라 많은 사람들의 삶에 현실적인 고통을 가져온다.

민주주의/자유

많은 사람들이 민주주의, 그리고 특히 자유가 자본주의에 깊이 연결된다고 느낀다. 밀턴 프리드먼은 《자본주의와 자유 Capitalism and Freedom》*에서 심지어 자본주의가 이 두 가치를 모두 실현할 필수 조건이라고 주장하기도 했다. 그리고 역사를 길게 조망하면, 자본주의의 등장과 뒤이은 발전은 다수 사람들의 개인적 자유의 확장, 그리고 궁극적으로 더욱 민주적인 형태를 띤 정치 권력의 확산에 밀접하게 관련된다는 사실이 확실해진다. 따라서 자본주의를 향한 핵심적인 비판 몇 가지가 민주주의와 자유라는 가치에 근거를 둔다면 많은 이들이 이상하게 생각하게 된다.

자본주의가 민주주의와 자유를 해친다는 주장은 단순히 자본주의가 자유와 민주주의에 대립한다고 말하는 주장보다 복잡하다. 이 주장은 자본주의가 민주주의와 자유라는 가치

* 밀턴 프리드먼 지음, 심준보·변동열 옮김, 《자본주의와 자유》, 청어람미디어, 2007 ― 옮긴이.

를 실현하는 데 심각한 결함을 야기한다는 논리를 담고 있다. 자본주의는 자유와 민주주의의 등장과 부분적인 발전을 증진하지만, 두 가치를 가능한 최대로 실현하지 못하게 가로막는다. 다섯 가지 논점이 특히 두드러진다.

첫째, 자본주의에서 공적 영역과 사적 영역 사이에 경계가 그어지는 방식은 다수 사람들에게 영향을 미치는 중대한 결정들에 관련해 민주적 통제에 참여하는 권리를 배제한다. 자본의 사적 소유에 수반되는 가장 근본적인 권리는 아마 언제 어디에 투자와 투자 회수를 할지를 결정하는 권리일 듯하다. 설령 미국의 공장을 폐쇄하고 노동력이 저렴하고 환경 규제가 느슨한 나라로 옮기면 이전에 그 공장에서 일하던 사람들의 삶이 황폐해지고 주변 지역 사회의 주택 가치가 폭락한다고 해도, 기업이 생산 장소를 다른 곳으로 옮기는 결정은 사적인 결정이다. 황폐해지는 지역 사회에 사는 사람들은 이 결정이 자기 삶에 크게 영향을 미친다고 해도 결정에 참여할 권리가 전혀 없다. 어떤 이는 이렇게 사적인 수중에 권력을 집중해야 자본주의 경제에서 자본을 효율적으로 할당하게 된다고 주장하겠지만, 이런 종류의 결정을 민주적 통제에서 배제하는 방식은 사람들이 자기 삶에 영향을 미치는 결정에 의미 있게 참여할 수 있어야 한다는 핵심적인 민주적 가치에 여전히 분명하게 위배된다.

둘째, 대규모 투자를 대상으로 하는 사적 통제는 자본가들의 이해관계에 유리한 규칙을 실행하도록 공공 당국에 끊임없는 압력을 불러일으킨다. 투자 철회와 자본 이동이라는 위협은 항상 공공 정책을 둘러싼 토론의 배경을 장식하며, 따라서 정치인들은 이데올로기적 지향에 상관없이 '양호한 사업 환경'을 유지하는 문제를 걱정할 수밖에 없다. 한 부류 시민들의 이해관계가 다른 이들의 이해관계보다 우선시된다는 사실은 민주적 가치에 위배된다.

셋째, 부유한 사람들은 그렇지 않은 사람들에 견줘 정치 권력에 다가갈 접근권을 더 많이 누린다. 정치 권력에 다가갈 접근권에서 부에 근거한 불평등이 몇몇 나라에서는 다른 나라들에 견줘 훨씬 크다지만, 자본주의적 민주주의에서는 어디에서든 불평등이 존재한다. 이렇듯 접근권을 확대하는 구체적인 방식은 무척 다양하다. 정치 캠페인에 내는 기부금, 로비 시도 자금 지원, 다양한 종류의 엘리트 집단이 지닌 사회적 네트워크, 노골적인 뇌물을 비롯한 부패 등등. 미국에서는 부유한 개인만이 아니라 자본주의적 기업도 정치적 목적을 위해 사적 자원을 활용하는 능력에 관련해 아무런 의미 있는 제한도 받지 않는다. 이런 현실은 모든 시민이 정치 권력 통제에 참여하는 동등한 접근권을 누려야 한다는 민주적 원리에 위배된다.

넷째, 자본주의적 기업들은 일터의 독재 체제로 조직되는 방식이 허용된다. 기업의 사적 소유가 지닌 본질적인 권력은 소유주가 피고용인들에게 무엇을 해야 하는지 말할 권리를 갖는다는 데 있다. 바로 이런 현실이 고용 계약의 토대다. 구직자는 임금을 받는 대가로 고용주가 하는 지시를 따르는 데 동의한다. 물론 고용주는 또한 일터에서 노동자에게 상당한 자율권을 줘도 되며, 어떤 상황에서는 이런 자율권 부여가 이윤을 극대화하는 노동 조직화 방안이 된다. 그리고 몇몇 소유주는 이윤이 극대화되지 않더라도 원칙의 문제라면서 노동자들에게 상당한 자율권을 부여할 수 있다. 그렇지만 그렇다 하더라도 소유주는 여전히 언제 이런 자율권을 허용할지를 결정할 기본적인 권리를 갖는다. 이런 사실은 민주주의와 자유의 밑바탕이 되는 자결권의 원리에 위배된다.

마지막으로, 자본주의에 고유한 부와 소득의 불평등은 철학자 필리프 판 파레이스Philippe van Parijs가 말하는 '진정한 자유'의 불평등을 낳는다. 그 말이 무엇을 의미하든 간에 자유란 '아니오'라고 말할 수 있는 능력이다. 부유한 사람은 거리낌없이 임금 노동을 하지 않겠다고 결정할 수 있다. 반면 독립적인 생계 수단이 부족한 가난한 사람은 그렇게 쉽게 고용을 거부할 수 없다. 그렇지만 하나의 가치로서 사유는 난순히 '아니오'라고 말할 수 있는 능력보다 깊이 나아간다. 자유는 또한 자기의 인생 계획에 따라 능동적으로 행동할 수 있는 능력이다. 이런 의미에서 자본주의는 많은 사람에게서 진정한 자유를 박탈한다. 풍요 한가운데에 있는 가난은 행복한 삶을 위한 조건으로 향하는 동등한 접근권을 사람들에게서 앗아갈 뿐 아니라 자결권에 필요한 자원에 다가갈 접근권도 앗아간다.

　이 모든 상황은 하나의 경제 구조로서 자본주의에 고유한 결과다. 그렇지만 평등/공정의 사례하고 마찬가지로, 그렇다고 해서 자본주의 사회, 곧 자본주의가 경제에서 지배적인 사회에서는 이런 효과에 대응하기 위해 어떤 일도 할 수 없다는 말은 아니다. 각기 다른 시간과 장소에서 자본주의의 반민주적 효과를 완화하기 위해 많은 일들이 벌어졌다. 이를테면 공과 사의 경직된 경계를 잠식하기 위해 갖가지 방식으로 사적 투자에 공적 제약을 부과할 수 있고, 강력한 공공 부문과 적극적인 공적 투자로 자본 이동의 위협을 누그러트릴 수 있으며, 선거에서 개인 재산을 사용하는 범위를 제한하고 정치 캠페인에 다양한 형태의 공적 자금을 투입해 부유층이 정치 권력에 특권적으로 접근하는 폐해를 줄일 수 있고, 노동법은 노동조합을 통해 노동자의 집합적 권력을 강화하는 동시에 일터의 지배 구조에서 일정한 구실을 부여받는 노동자 협의회를 의무화하는 등 일터 안에서 노동자의 권리를 강화할 수 있으며, 폭넓은 복지국가 정책을 통해 사적 재산에 다가갈 접근권이 없는 사람들의 진정한 자유를 증대할 수 있다. 정치적 조건이 제대로 갖춰진다면, 반민주적이고 자유에 방해가 되는 자본주의의 특징을 완전히 근절하지는 못하더라도 어느 정도 길들일 수는 있다.

공동체/연대

자본주의는 공동체와 연대의 가치를 갉아먹는 동기들을 부추긴다. 자본주의적 투자와 생산을 움직이는 동기는 경제적 이기심이다. 애덤 스미스는 고전이 된 《국부론》에서 이런 생각을 드러냈다. "우리가 저녁 식사를 할 수 있는 이유는 정육점 주인, 양조장 주인, 빵집 주인이 자비롭기 때문이 아니라 그 사람들이 자기 이익에 관심을 기울이기 때문이다. 우리는 그 사람들의 인간애가 아니라 이기심에 호소하며, 그 사람들에게 우리 자신의 필요가 아니라 그 사람들의 이익에 관해 이야기한다." 철학자 제럴드 앨런 코언G. A. Cohen은 〈왜 사회주의가 아닌가Why Not Socialism?〉라는 글에서 자본주의 시장 안에 자리하는 또 다른 핵심적 동기로 공포를 덧붙인다. "시장 사회에서 생산 활동을 낳는 직접적인 동기는 …… 대체로 탐욕과 공포가 일정하게 뒤섞인다." 탐욕 속에서 타인은 "가능한 부의 원천으로 여겨지며, (공포 속에서는) 자기의 성공을 위협하는 존재로 여겨진다. 여러 세기 동안 이어진 자본주의 문명의 결과로 우리가 아무리 여기에 익숙해지고 단련된다고 하더라도 이런 시각은 타인을 바라보는 끔찍한 방식이다."

탐욕과 공포는 경쟁 시장의 본성 때문에 자라나는 동기다. 따라서 탐욕과 공포를 단순히 시장에 속한 개인들의 성격 특성으로 간주해서는 안 된다. 어느 대기업 최고 경영자가 한편으로는 개인적으로 너그럽고 훌륭한 도시 사업에 기부를 하는 등 공동체의 가치를 지지하면서도 다른 한편으로는 그 공동체에 속한 이들의 안녕에 커다란 해를 끼치는 상황에서 이윤 극대화를 노려 공장을 폐쇄하는 결정을 할 수도 있다. 노동자는 일자리를 놓고 경쟁하고, 피고용인은 승진을 하려 경쟁하며, 기업은 판매를 위해 경쟁한다. 경쟁은 승자와 패자를 낳는다. 경쟁이 더 격렬해지고 내기에 건 돈이 커질수록, 개별적으로 작동하는 동기로서 탐욕과 공포가 더욱 강화되며, 공동체와 연대의 가치를 갉아먹는 자본주의의 요인들도 커진다.

이런 맥락에서 '문화'란 일정한 사회적 환경에 속하는 사람들이 폭넓게 공유하는 믿음과 가치를 가리킨다. 우리는 가족이나 일터, 조직이나 공동체, 사회의 문화에 관해 이야기할 수 있다. 문화는 언제나 복잡하며, 종종 서로 전혀 어울리지 않는 요소들까지 아우른다. 각 자본주의 사회의 전반적인 문화가 단순하게 자본주의의 정언 명령을 반영한다고 본다면, 분명 지나치게 단순화하는 시각이다. 그렇다 하더라도 자본주의 문화는 공동체/연대하고 긴장 관계를 형성하는 폭넓게 공유된 두 가치군을 지지한다. 바로 **경쟁적 개인주의와 사유화된 소비주의**다.

경쟁적 개인주의는 사람들이 자본주의 시장 안에서 생생하게 겪는 경험에 깊숙이 연결되는 한 무리의 가치와 믿음, 곧 격렬하게 경쟁하면서 남보다 앞서려 노력하는 삶이 바람직하다는 사고, 자기의 가치를 남들에게 비교해 측정하는 사회적 규범, 타인의 도움에 의존하기보다는 개인으로서 자기 운명에 책임을 지는 사람들의 도덕적 탁월성, 독립적인 삶의 미덕과 거기에 쌍벽이 되는 의존하는 삶에 찍는 낙인 등으로 구성된다. 극단적인 경우에 이런 가치들은 '탐욕은 좋은 가치다', '자기만 생각하자', '착한 사람이 꼴찌' 같은 냉혹한 구호로 압축된다. 그렇지만 사람들이 이런 단순한 정식화를 거부하는 경우에도 자본주의 문화의 중심 테마는 남을 희생시키더라도 성공을 위해 경쟁하고 노력하는 삶이 바람직하다는 믿음이다.

물론 대체로 사람들은 '나는 내 동생을 지키는 사람이다'나 '이웃을 사랑하기를 네 몸처럼 하라' 같은 정반대되는 다른 원리를 여전히 신봉하며, 많은 사람들은 최소한 어떤 사회적 맥락에서는 이렇게 공동체주의적인 가치에 바탕을 두고 행동한다. 이런 현실은 문화의 복잡성을 형성하는 한 부분이다. 상반되는 원리와 가치가 공존하는 셈이다. 비교적 안정된 문화의 보증 수표 중 하나는 이렇게 모순되는 요소들을 성공적으로 수용한다는 점이다. 튼튼한 자본주의 문화는 대부분의 사람들이 공동체와 연대의 가치가 타당하다고 생각하는 사회적 맥락을 축소하고 경쟁적 개인주의가 작동하는 맥락을 확대함으로써 이런 목적을 달성한다. 공동체주의적 가치는 가족, 그리고 어쩌면 친구들 사이에서는 좋지만, 많은 사람들로 범위가 확대될 때는 점차 약해진다.

사유화된 소비주의는 자본주의 문화의 둘째 반공동체주의적 요소다. 소비주의 문화는 삶의 만족이란 개인적 소비를 끝없이 확대하는 정도에 달려 있다고 사람들이 믿게 만드는 문화다. **사유화된** 소비주의는 공공재와 집단적 소비를 개인의 전반적인 생활 수준과 삶의 질에서 중요한 구성 요소로 보기보다는 개인적 소비의 축소로 간주한다. 이렇게 개인적이고 사적인 소비에 몰두하면 경쟁적 개인주의에 연결된 요소인 타인의 안녕에 관한 상대적 무관심이 더욱 강해진다.

자본주의 사회에서 개인적 동기인 탐욕과 공포는 공동체/연대의 가치에 적대적인 환경을 조성하는 만연한 문화적 형태인 경쟁적 개인주의와 사유화된 소비주의를 상대로 상호 작용한다. 자본주의 반대론자들은 전통적으로 자본주의가 연대를 강화하는 반작용적 경향 또한 창출한다고 예측했다. 19세기 말과 20세기 전반기에 활동한 사회주의자들은 확실히 이런 희망을 품었다. 마르크스를 따라 노동 계급 내부의 상호 의존과 동질성이 커지면 계급적 연대감이 고조된다고 믿었다. 그리하여 노동자 공동체는 결국 자본주의를 모든 사람의 공동체에 근거한 새로운 형태의 사회로 변혁하는 토대가 될 예정이었다. 노동 계급 내부에서 확실히 연대가 등장하기는 하지만, 이런 원대한 희망은 결코 실현되지 않았다. 자본주의의 동학은 노동 계급의 동질화와 상호 의존의 심화라는 궤적 대신에 한층 더 복잡한 형태의 경제적 불평등에 더해 강화된 형태의 노동 시장 경쟁과 파편화를 낳고 있다. 자본주의는 비자본가 대중 사이에 연대가 한층 확대되는 경향을 낳는 대신, 시장에서 불평등하고 분할된 기회를 누리는 사람들 사이에 존재하는 틈새 연대의 범위를 더욱 좁히고 있다. 가끔 예외가 있을 뿐이다. 특히 이런 형태의 계급 분할이 인종이나 종족, 종교 같은 두드러진 정체성에 뿌리를 둔 사회적 분열하고 엇갈릴 때, 공동체/연대의 가치는 좁아지고 균열이 생긴다.

경쟁적 개인주의와 사유화된 소비주의가 문화적으로 두드러지는 동시에 그런 흐름을 상쇄하는 폭넓은 노동 계급 연대가 어디에서나 약세를 벗어나지 못하면서 반자본주의자들에게는 분명한 과제가 던져진다. 몇몇 개인이 자기 힘으로 자본주의에서 탈출하는 길을 찾을 수 있을지는 몰라도, 자본주의에 도전하려는 진지한 시도를 하려면 집합적 행위 주체가 필요하다. 따라서 연대가 필요하다. 이 점은 자본주의를 변혁하는 목표를 가로막는 주요한 장애물의 하나라는 사실이 밝혀졌다. 이런 투쟁을 벌이는 데 필요한 폭넓은 연대를 형성해야 한다. 이 문제는 6장에서 다시 다루겠다.

회의론

이 장에서 펼친 주장을 요약해보자. 자본주의를 향한 도덕적 비판은 평등/공정, 민주주의/자유, 공동체/연대 등 세 가지 가치군에 바탕을 둔다. 자본주의는 특정한 면에서 제한된 형태더라도 이런 가치들을 장려한다고 간주될 수 있지만, 이 가치들이 최대한 완전하게 실현되지 못하게 체계적으로 방해한다. 자본주의는 부정의한 형태의 경제적 불평등을 창출하고 영속화하며, 일부의 자유를 거대하게 향상시키는 한편 다수의 자유를 제한하고 민주주의의 폭을 줄이며, 집합적 복지보다 개인의 경쟁적 성공을 지지하는 문화적 이상을 조성한다.

지금까지 우리가 탐구한 핵심적 가치를 공유하는 사람들 사이에서도 이렇게 잡다한 자본주의 비판에 관련해서 두 가지 주요한 형태의 회의론이 존재한다.

첫째, 많은 사람들은 자본주의 자체가 지금까지 우리가 확인한 문제들의 일부 또는 전부를 일으킨 주범이라는 점을 의심한다. 이를테면 일반적인 견해는 풍요의 한가운데에 자리한 빈곤은 사람들이 가진 기술과 고용주들이 바라는 기술 요건이 불일치하는 현실을 반영하며, 이런 불일치는 다시 대체로 기술 변화가 낳은 결과라고 본다. 양질의 훈련이나 교육을 제공하지 못한 정치적 실책이 문제가 될 수는 있어도 자본주의를 탓할 일은 아니다. 또는 지속되는 빈곤은 가족 해체와 '빈곤 문화'에 따른 결과이지만, 어쨌든 자본주의 자체를 탓해서는 안 된다. 환경 문제의 원인은 산업화에 있지 자본주의 기업들이 채택한 이윤 추구 전략 때문이 아니다. 민주주의의 결함은 주로 현대 사회가 복잡하고 규모가 크기 때문에 생겨난 결과이지, 부유층의 정치적 영향력이나 자본주의에 고유한 게임의 규칙 때문이 아니다. 공동체 가치가 저하되는 현상도 도시화와 사회의 복잡성, 높은 수준의 지리적 이동이 낳은 결과이지, 시장의 경쟁 세력이나 자본주의 문화 때문이 아니다 등등.

이런 주장들을 곧바로 무시하는 대신 진지하게 받아들여야 한다. 실제로 최소한 몇몇 사례에는 회의론자들이 확인한 인과 과정이 당면한 쟁점을 완전하게 이해하는 데 필요하다. 사람을 구하는 일자리에 관련된 기술이 없으면 분명 가난해지고, 복잡성은 확실히 민주주의에 도전을 제기하며, 높은 수준의 공간적 이동은 공동체 의식을 약화시킬 수 있다. 자본주의를 진단하고 비판한다고 해서 자본주의가 평등과 민주주의와 공동체 가치의 부족을 야기하는 **유일한** 원인이라는 의미는 아니며, 다만 자본주의가 중요한 요인이라는 사실을 의미할 뿐이다.

회의론의 둘째 원천은 대안의 문제에 관련된다. 사람들은 자본주의가 실제로 이런 문제들에 책임이 있다는 사실을 인정할 테지만, 또한 자본주의에 맞선 생명력 있는 대안이 존재하지 않는다고 생각할지 모른다. 제안된 대안들이 실행 불가능하고 오히려 사태를 악화시킬 뿐이기 때문에, 또는 설사 원칙적으로는 더 나은 체제가 있을지 몰라도 기성 권력이 너무 강해서 대안적 체제로 나아가는 이행이 불가능하기 때문이다.

매력적인 종착지가 존재하지 않거나, 거기까지 가는 길이 존재하지 않는다. 따라서 각종 대안들은 유토피아적이고 달성 불가능한 환상이다.

이 책의 나머지 부분에서는 이 둘째 종류의 회의론을 다루려 한다.

3장

반자본주의의
갈래들

인류 역사에서 일어난 사회 변화는 대부분 인간 행동이 의도하지 않게 낳은 결과들이 누적된 효과로, 사람들이 알지 못하는 사이에 벌어진다. 대조적으로 사회 변화를 위한 '전략'을 만들 수 있으려면 계획적이고 의도적인 행동을 통해 바람직한 사회 변혁을 끌어낼 수 있어야 한다. 분명 어떤 전략도 가능하지 않은 바람직한 사회 변화의 목표들이 존재한다. 목표 자체가 생명력이 없거나, 곧 그냥 작동하지 않거나, 그 목표에 다다를 방법이 없기 때문이다. 따라서 한 사회 체제만큼 복잡한 어떤 대상을 해방적으로 변혁하기 위한 일관된 전략을 갖는 일은 그냥 불가능할 수도 있다. 프리드리히 하이에크가 사회주의를 거칠게 공격하는 《치명적 자만The Fatal Conceit》*에서 바로 이런 주장을 폈다. 하이에크는 지식인들이 기성 사회 체제의 대안을 상상하고 계획적인 정치 행동을 거쳐 이 상상을 실현할 수 있다는 환상을 믿는다고 주장했다. 하이에크가 한 주장에 따르면, 이런 믿음이 환상인 이유는 이 대규모 사회 공학이 의도하지 않게 야기하는 부정적 결과들이 의도한 결과를 압도하기 때문이다. 만약 하이에크의 주장이 옳다면, 자본주의를 대체할 민주적이고 평등한 대안을 창조하기 위해 '무엇을 할 것인가?'라는 질문의 답은 '아무것도 없다'가 된다.

---

* 프리드리히 A. 하이에크 지음, 신중섭 옮김, 《치명적 자만》, 자유기업원, 2014 — 옮긴이.

하이에크가 단지 보수적인 정치적 견해를 옹호하기 위해 비판을 한다고 해서 그 비판을 거부해서는 안 된다. 모름지기 심대한 사회 변화를 노리는 기획이라면 의도하지 않은 결과가 나타날 위험을 걱정해야 한다. 그렇지만 자본주의는 여전히 엄청난 파괴를 자행하면서 폭넓은 인간 행복의 가능성을 가로막고 있다. 우리에게는 소망적 사고의 그릇된 낙관주의와 해방적 사회 변혁까지 전략적 손길이 닿지 않게 만드는 무력한 비관주의를 동시에 피하는 반자본주의 전략들에 관한 이해가 필요하다. 이런 가능성을 분명하게 밝히는 일이 이 장의 목표다.

전략적 논리

역사적으로 볼 때, 앞으로 '전략적 논리'라고 부를 각기 다른 다섯 가지 전략이 반자본주의 투쟁에서 특히 중요했다. 이 다섯 가지는 **자본주의 분쇄하기, 자본주의 해체하기, 자본주의 길들이기, 자본주의에 저항하기, 자본주의에서 벗어나기**다. 이 전략들은 실제로는 서로 뒤섞이지만, 각각은 자본주의의 폐해에 대응하는 별개의 방식을 구성한다. 먼저 각각을 검토하면서 논의를 시작한 뒤, 이 전략들의 개념적 지도를 소개하려 한다. 그러면 구체적인 방식으로 각 전략을 어떻게 결합할 수 있는지를 이해하는 데 도움이 된다. 나는 이 전략들을 결합

하는 한 가지 방식(자본주의 잠식하기라고 지칭하기로 하자)
이 21세기에 자본주의를 넘어서기 위한 가장 현실성 있는 전
략적 전망을 제공한다고 주장할 생각이다.

자본주의 분쇄하기

자본주의 분쇄는 혁명가들의 고전적인 전략적 논리다. 기
본 원리는 다음 같다.

체제는 썩었다. 자본주의 안에서 삶을 견딜 수 있게 만들
려는 모든 시도는 결국 실패할 수밖에 없다. 이따금 대중
의 세력이 강할 때 삶을 개선하는 작은 개혁이 가능할지
몰라도, 이런 개선은 늘 허약하고 공격에 취약하며 언제든
뒤집어질 수 있다. 결국 자본주의를 보통 사람들이 행복하
고 의미 있는 삶을 살아갈 만한 따뜻한 사회 질서로 바꿀
수 있다는 믿음은 환상이다. 자본주의는 근본적으로 개혁
이 불가능하다. 유일한 희망은 자본주의를 파괴하고 그
잔해를 쓸어버린 뒤 대안을 건설하는 데 있다. 20세기 초
에 불린 노래 〈연대여 영원하라Solidarity Forever〉는 마지막 가
사에서 선언한다. "우리는 낡은 세상의 잿더미에서 새 세
상을 건설할 수 있으니." 해방적 대안을 완전히 실현하는
길은 점진적 과정일 테지만, 그런 점진적 이행의 필수 조건
은 기성의 권력 체제를 결정적으로 파괴하는 변화다.

그런데 이런 파괴는 어떻게 가능할까? 반자본주의 세력은 어떻게 자본주의를 파괴하고 더 나은 대안으로 대체할 만큼 충분한 힘을 모을 수 있을까? 그야말로 벅찬 과제다. 개혁을 환상으로 만드는 지배 계급의 권력은 또한 체제 파괴라는 혁명의 목표도 봉쇄하기 때문이다. 마르크스의 저작으로 형성되고 블라디미르 일리치 레닌과 안토니오 그람시 등을 거쳐 확장된 반자본주의 혁명 이론은 이런 변혁이 어떻게 일어날 수 있는지에 관해 매력적인 주장을 제시했다.

자본주의가 언제나 난공불락의 요새처럼 보이는 사실은 맞지만, 또한 자본주의는 대단히 모순적인 체제이며 언제든 혼란과 위기에 빠질 수 있다. 때로는 이런 위기가 격렬해져서 체제 전체가 힘이 약해지고 도전에 취약해진다. 이 이론의 가장 강한 형태에서 보면, 자본주의의 '운동 법칙'에는 이렇게 체제를 약화시키는 위기의 강도가 시간이 흐르면서 증가하는 근원적인 경향까지 존재한다. 따라서 장기적으로 볼 때 자본주의는 지속 불가능하다. 자기 자신의 존재 조건을 파괴하기 때문이다. 그렇지만 위기가 더욱 악화되는 체계적인 경향이 존재하지 않는다고 하더라도, 자본주의에 주기적으로 격렬한 경제 위기가 발생해서 체제가 취약해지고 파괴가 가능해지며 지배 계급을 무너트릴 수 있으리라는 점은 충분히 예상된다. 따라서 혁명 정당 앞에는 이런 체제 차원의 위기 때문에 생겨나는 기회를 활용해서 국가 권력을 장악하기 위한 대중 동원을 이끌 수 있는 위치를 차지하는 문제가 놓여 있다. 국가 권력을 장악하려면 선거를 통할 수도 있으며, 반란을 일으켜 기성 체제를 무너트릴 수도 있다. 일단 국가를 장악하면 첫째 과제로 신속하게 국가 자체를 개조해서 파괴적 변혁에 적합한 무기로 만든 다음, 그 권력을 이용해 지배 계급과 그 동맹자들의 반대를 억누르고, 자본주의의 중추를 구성하는 권력 구조를 파괴하며, 대안 경제 체제의 장기적 발전에 필요한 제도를 건설해야 한다.

20세기에는 세계 각지에서 이런 일반적인 추론 방식이 다양한 형태로 혁명가들의 상상력을 부추겼다. 혁명적 마르크스주의는 투쟁에 희망과 낙관주의를 불어넣었다. 현존하는 세계에 관한 유력한 고발을 제공할 뿐 아니라 해방적 대안을 어떻게 실현할 수 있는지에 관한 그럴듯한 시나리오까지 제시한 때문이었다. 혁명적 마르크스주의는 사람들에게 용기를 주면서 역사는 민중의 편이며, 자본주의에 맞선 투쟁에서 막대한 헌신과 희생이 요구될지언정 결국 성공을 거둘 현실적 가능성이 있다는 믿음을 지탱해줬다. 그리고 드물기는 해도 이따금 그런 투쟁이 실제로 국가 권력을 혁명적으로 장악하면서 정점에 이르렀다.

그렇지만 이런 혁명적 권력 장악이 낳은 결과는 결코 자본주의를 밀어내는 민주적이고 평등하며 해방적인 대안의 창조가 아니었다. 사회주의와 공산주의의 이름을 내건 여러 혁명이 실제로 '낡은 세상의 잿더미에서 새 세상을 건설'하는 일이 가능하다는 사실을 입증했고, 또한 어떤 면에서는 일정한 기간 동안 대부분의 사람들을 둘러싼 삶의 물질적 조건을 개선하기는 했지만, 20세기에 벌어진 여러 영웅적인 파괴 시도에서 드러난 증거를 보면 혁명 이데올로기에서 상상한 유형의 새로운 세상을 만들어내지는 못했다. 낡은 제도와 사회 구조를 불태우는 일과 잿더미에서 새로운 해방적 제도를 건설하는 일은 전혀 딴판이다.

20세기의 여러 혁명이 결과적으로 튼튼하고 지속 가능한 인간 해방을 낳지 못한 이유는 물론 열띤 논쟁을 불러일으킨 문제다. 어떤 이들은 체제 차원의 파괴 시도가 역사적으로 특수하고 불리한 환경에서 일어난 탓이라고 주장한다. 여러 혁명이 강력한 적들에 둘러싸여 있으며, 경제적으로 뒤처진 사회에서 일어났다. 또한 어떤 이들은 이 혁명들에서 전략적 지도에 오류가 있기 때문이라고 주장한다. 다른 이들은 지도자들의 동기가 불순하다고 고발하면서, 혁명 과정에서 승리를 거둔 이들을 움직인 동기가 대중의 권능 향상과 안녕이 아니라 지위와 권력을 향한 욕망이라고 말한다. 그리고 또 다른 이들은 사회 체제를 급진적으로 파괴하려는 시도는 모두 실패가 내재돼 있다고 주장한다. 가동 부분이 너무 많고, 지나칠 정도로 복잡하며, 의도하지 않은 결과가 숱하게 나타난다. 그 결과 체제 파괴 시도는 불가피하게 커다란 혼란으로 이어지며, 혁명 엘리트들은 원래 동기가 무엇이든 간에 사회 질서를 유지하기 위해 만연한 폭력과 억압에 호소할 수밖에 없다. 그리고 이런 폭력은 다시 새로운 사회를 건설하는 진정으로 민주적인 참여 과정이 나타날 가능성을 무너뜨린다.

이 설명들 중에서 어느 것이(하나라도) 옳든 간에 20세기 혁명의 비극에서 드러난 증거는 체제 차원의 파괴가 사회 해방 전략으로 효과가 없다는 점이다. 그렇지만 그렇다고 해서 사회 변혁의 근본 목표로서 질적으로 다른 원리들을 중심으로 조직된, 자본주의를 대체할 해방적 대안이라는 개념을 거부할 필요는 없다. 우리 앞에 놓인 증거가 의문시하는 대상은 자본주의의 지배를 파괴적 방식으로 무너뜨리려는 전략이 과연 실행 가능한가 하는 점이다.

그렇지만 자본주의의 혁명적 파괴 개념이 완전히 사라지지는 않았다. 이제 파괴는 어떤 의미 있는 정치 세력의 일관된 전략을 구성하지는 않지만, 이토록 불평등이 뚜렷하고 인간 행복의 잠재력을 실현하지 못하게 가로막히는 세계에서, 그리고 점점 민주주의가 약해지고 대중의 요구에 아랑곳하지 않는 정치 체제에 살면서 느끼는 좌절과 분노는 파괴에 귀를 기울인다. 그렇지만 실제로 해방적 방향으로 자본주의를 변혁하려

한다면, 분노에 공명하는 전망으로는 충분하지 않다. 실제로 작동할 가능성이 있는 전략적 논리가 필요하다.

자본주의 해체하기

여러 반자본주의 운동이 시작될 때부터 지본주의 비판과 혁명가들의 근본 목표를 공유하면서도 자본주의를 상대로 한 파괴적 단절이 현실적으로 가능하다는 믿음은 공유하지 않는 사람들이 있었다. 그렇지만 이렇게 자본주의의 혁명적 전복의 가능성을 회의한다고 해서 반드시 사회주의 이념을 포기한다는 말은 아니다.

적어도 성숙한 자본주의 나라들에서는 자본주의를 일거에 전복한다고 해서 민주적이고 평등한 대안으로 이어지는 조건이 저절로 창출되지는 않지만, 민주사회주의로 나아가는 이행은 국가가 지휘하는 상황에서 위부터 시작해 사회주의적 대안의 요소들을 점진적으로 도입하는 개혁을 통해 달성될 수 있다. 따라서 혼합 경제 안에서 자본주의적 관계와 사회주의적 관계가 공존하는 긴 시기가 필요했다. 국영 은행에 나란히 사적인 자본주의적 은행들이 있고, 특히 운송과 공익 설비, 보건 의료, 일부 중공업 부문에서는 국영 기업에 나란히 사적인 자본주의적 기업들이 있으며, 국가 고용에 나란히 자본주의적 노동 시장이 있고, 사적인 이윤 극대화 투자에 나란히 국가가 지휘하는 투자 할당 계획이 있게 된다. 이 시나리오에서는 한 체제가 다른 체제를 대체하는 단순한 파괴적 단절의 순간은 없다. 그런 순간보다는 자본주의가 점진적으로 해체되고 국가의 지속적인 행동을 통해 대안을 건설하는 과정이 진행된다.

이런 전략이 생명력을 갖기 위한 결정적인 선결 조건은 두 가지다. 첫째, 안정된 선거 민주주의, 둘째, 대중에 바탕을 둔 폭넓은 사회주의 정당. 이런 정당만이 계속 선거에서 승리하면서 국가가 운영하는 이 새로운 경제 구조가 탄탄하게 제도화될 정도로 오랜 시간 동안 권력을 유지할 수 있다. 물론 반대와 저항이 있겠지만, 이렇게 국가가 조직하는 사회주의적 경제 기관들은 자기들의 가치를 입증함으로써 대중의 지지를 계속 유지할 수 있으리라고 믿었다.

국가가 지휘하는 개혁을 통해 위부터 시작해 사회주의를 점진적으로 도입한다는 구상은 20세기 전반기에 반자본주의자들 사이에서 상당한 지지를 얻었다. 그리고 2차 대전 직후에 일부 지역에서 이 전략이 근거지를 확보하는 듯 보였다. 영국에서 철도가 국유화되고, 많은 나라에서 사회화된 의료보험 체계가 생겨났으며, 많은 장소에서 국가 소유 공익 시설이 확대되고, 심지어 몇몇 선진 자본주의 국가에서는 일부 산업의 국가 소유가 확대된 때문이었다. '혼합 경제'의 잠재력에 관한 논의가 봇물처럼 터져 나왔고, 몇몇 반자본주의자들은 혼합 경제를 중심으로 더욱 역동적인 사회주의 부문이 건설될 수 있다고 믿었다.

그렇지만 그런 일은 일어나지 않았다. 2차 대전 뒤 수십 년 동안 자본주의가 보여준 역동성은 많은 나라, 특히 미국에서 사회주의 이념을 겨냥해 벌어진 이데올로기적 공세에 나란히 혼합 경제에서 나타난 국유화의 확대를 의제 밖으로 밀어냈다. 1973년 칠레에서 민주적으로 선출된 사회주의 정부를 군부가 전복하고 다른 나라들에서도 민주사회주의를 향한 시도가 좌절되자, 민주적 선거가 자본주의를 해체하는 개혁주의적 경로를 제공할 수 있다는 믿음이 모조리 잠식됐다. 20세기 마지막 사분기에 이르면, 국가가 지휘하는 자본주의 경제 부문들은 새로운 종류의 경제를 이끄는 전위가 되기는커녕 점차 공격에 취약해졌다. 신자유주의 깃발 아래 국유화가 아닌 사유화(민영화)가 정치 의제의 중심을 차지했다. 전통적으로 좌파를 제휴 상대로 삼은 몇몇 주요 정당도 마찬가지였다.

자본주의 길들이기

자본주의 분쇄하기와 자본주의 해체하기는 모두 자본주의를 근본적으로 다른 종류의 경제 구소, 곧 사회주의로 내체하는 궁극적인 가능성을 상상한다. 목표를 달성하는 데 필요한 수단에 관한 이해는 서로 다르더라도, 이런 의미에서 둘 다 혁명적 열망을 갖고 있다.

그렇지만 자본주의를 다른 체제로 대체하려 하지 않으면서도 자본주의를 사회에서 체계적인 폐해를 낳는 원천으로 볼 수도 있다. 이럴 때는 자본주의를 대체하는 대신 자본주의의 폐해를 중화하는 정도가 목표로 된다. 20세기 후반기에 이런 목표가 사민주의 정당과 비혁명적 사회주의 정당들의 지배적인 전략적 이념이 됐다. 기본적인 주장은 다음 같다.

자본주의는 그냥 내버려두면 막대한 폐해를 낳는다. 자본주의는 사회의 응집력을 무너트리는 높은 수준의 불평등을 야기하고, 전통적인 일자리를 파괴하며 사람들이 각자도생하게 하고, 개인들과 공동체 전체의 삶에서 불확실성과 위험을 낳고, 환경을 해친다. 이런 폐해는 모두 자본주의 경제에 고유한 동학이 낳은 결과다. 그렇다고 하더라도 이런 폐해를 상당히 중화할 수 있는 대항적 제도들을 건설할 수는 있다. 자본주의를 그냥 내버려둘 필요는 없으며, 정교하게 만든 국가 정책으로 길들일 수 있다. 이렇게 길들이려면 자본가 계급의 자율성과 권한을 축소해야 하기 때문에 분명 격렬한 싸움이 필요할 테고, 성공한다는 보장도 없다. 자본가 계급과 정치적 동맹 세력은 '근거가 불확실한' 자본주의의 이런 폐해를 중화하기 위해 고안된 규제와 재분배 때문에 자본주의의 역동성이 파괴되고 경쟁력이 약화되며 사업 의욕이 훼손된다고 주장한다. 그렇지만 이런 주장은 특권과 권력을 지키려는 자기 합리화일 뿐이다. 자본주의의 폐해를 상쇄하기 위해 상당한 규제와 재분배를 강제하면서도 제대로 기능하도록 적절한 이윤을 제공할 수 있다. 이런 목표를 달성하려면 대중의 결집과 정치적 의지가 필요하다. 엘리트 집단의 계몽된 선의에 의존할 수는 없기 때문이다. 그렇지만 환경만 제대로 갖춰진다면, 이 싸움에서 승리를 거두고 좀더 유순한 형태의 자본주의에 필요한 제약을 부과할 수 있다. 그 결과는 게임의 규칙이 상당히 완화된 자본주의가 된다.

자본주의를 길들인다고 해서 자본주의가 폐해를 야기하는 근원적인 경향이 사라지지는 않는다. 그저 그 효과를 상쇄할 뿐이다. 여러 가지 약물이 건강 문제를 일으키는 근원적 원인보다는 증상을 효과적으로 다루는 방식하고 비슷하다. 때로는 그런 약만으로 충분하다. 갓 태어난 아기를 둔 부모들은 종종 잠을 빼앗기고 두통에 시달린다. 한 가지 해법은 아스피린 삼키고 버티기다. 또 다른 해법은 아기 없애기다. 때로는 증상을 중화하는 방식이 근원적인 원인을 제거하는 방식보다 더 나은 법이다.

물론 자본주의를 다스리는 규칙에 관한 모든 개혁을, 심지어 자본주의의 폐해를 일부 중화하려는 개혁이라 하더라도 반자본주의적인 시도라고 볼 수는 없다. 체제 혼란을 야기하는 투기적인 리스크 감수를 막기 위한 금융 규제와 내부자 거래를 저지하는 주식 시장 규제는 자본주의를 안정시키는 데 도움이 되는 조치라고 보는 편이 타당하다. 내적인 자기 파괴 경향에 맞서 자본주의를 보호하기 때문이다. 어류 자원이 급감하는 사태를 막으려는 고기잡이 규제는 자본주의적 대규모

어업에서 생겨나는 집합 행동의 문제를 해결할 뿐이다. 반자본주의적 개혁은 어떤 식으로든 자본주의의 작동에 평등과 민주와 연대의 가치와 원리를 도입하려는 노력이다. 이런 개혁이 자본주의를 안정시키는 데 도움이 될 수도 있지만(실제로 이 이유 때문에 이런 개혁이 가능하기도 하다), 또한 그 과정에서 체제 전체가 순수한 자본주의적 방식으로 기능하는 정도를 낮추기도 한다.

때로 대략 2차 대전 이후 30년간에 이르는 '자본주의의 황금기'로 불린 시기에 사회민주주의 정책은, 특히 가장 철저하게 시행된 장소들에서 자본주의가 좀더 인간적인 경제 체제로 변신하게 하는 데 상당한 구실을 했다. 더 구체적으로 보면 세 종류로 묶을 수 있는 국가 정책이 자본주의가 작동하는 배경이 되는 새로운 규칙을 낳았다. 이 규칙은 자본주의가 낳은 폐해의 일부를 상쇄했으며, 정도는 다양하지만 평등과 민주와 연대의 가치를 구현했다.

1. 사람들이 삶을 살아가면서, 특히 건강, 고용, 소득에 관련해서 경험하는 가장 심각한 위험 중의 일부는 공적으로 지휘하고 자금을 조달하는 포괄적인 사회보험 체계를 통해 줄어들었다.
2. 각국은 비교적 높은 확고한 과세 체계를 거쳐 비용을 대면서 폭넓은 범위의 공공재를 제공하는 책임을 떠안았

다. 이런 공공재에는 기초 교육과 고등 교육, 직업 기술 형성, 대중교통, 문화 활동, 문화 체육 시설, 연구 개발 등이 포함된다. 그중 일부는 자본가들에게 가장 이득이 됐지만, 대부분은 공공에게 폭넓은 혜택을 제공했다.

3. 각국은 또한 자본주의 시장에서 투자자와 기업들이 하는 행동이 야기하는 가장 심각한 '부정적 외부 효과negative externality'를 다루기 위한 규제 체제를 마련했다. 오염, 제품과 일터의 위험성, 약탈적인 시장 행동, 자산 시장의 변동성 등이 대표적인 부정적 외부 효과였다. 이번에도 이런 규제 중에서 일부는 자본가의 이익에 봉사했지만, 또한 일부는 노동자와 국민 전체의 복지를 보호했다.

이 정책들이 시행된다고 해서 경제에서 자본주의적 성격이 사라지지는 않았다. 자본가들은 여전히 시장에서 이윤을 창출할 기회에 근거해 자유롭게 자본 투자를 할당했고, 세금을 제외하면 이런 투자에서 생겨난 이윤을 챙겨서 마음대로 사용했다. 바뀐 점이 있다면, 국가가 자본주의 시장의 세 가지 원칙적 실패를 어느 정도 바로잡을 책임을 떠안은 사실이다. 리스크에 대응하는 개별적 취약성, 공공재의 과소 공급, 이윤 극대화에 몰두하는 사적 경제 활동이 낳은 부정적 외부 효과가 그런 요소들이다. 그 결과 불평등과 갈등이 줄어든 상태에서 상당히 순조롭게 기능하는 형태의 자본주의가 등장했다. 자본가들은 이 체제를 선호하지 않았겠지만, 충분히 순조롭게 작동했다. 결정적으로 중요한 여러 면에서 자본주의는 길들여졌다. 자본주의는 계속 유지되기는 했지만, 탐욕이 조금 줄어든 형태로 변신했다.

이때가 황금기였다. 그렇지만 21세기 초반 수십 년 동안의 세계는 무척 달라 보인다. 모든 곳에서, 심지어 사회민주주의의 근거지인 북유럽에서도 사회보험에 연결된 '수혜 대상'을 줄이고, 세금을 인하하고, 여기에 연관된 공공재 제공을 축소하며, 자본주의 생산과 시장의 여러 측면에 관련된 규제를 완화하고, 많은 국가 서비스를 민영화하라는 요구가 자주 나타나고 있다. 이런 변화는 전반적으로 '신자유주의'라는 이름 아래 진행된다.

다양한 요인이 자본주의의 폐해를 중화하려는 국가의 의지와 분명한 역량을 이렇게 축소하는 데 기여하고 있다. 자본주의의 세계화 때문에 자본주의 기업들은 규제가 덜하고 노동력이 값싼 세계 여러 곳으로 투자를 이동하기가 한층 쉬워졌다. 기술과 인구에서 일어난 다양한 변화에 나란히 이런 자본 이동의 위협 때문에 노동 운동이 파편화되고 약해졌으며, 그 결과 저항과 정치적 동원 능력이 떨어졌다. 자본의 금융화도 세계화에 결합하면서 부와 소득의 불평등이 엄청나게 커지는 결과로 이어졌고, 이런 불평등은 다시 사회민주주의 국가에 반대하는 세력의 정치적 영향력을 증대시키고 있다. 자본주의는 길들여지기는커녕 점점 속박에서 풀려나고 있다.

아마 30여 년에 걸친 황금기는 그저 역사적으로 예외적인 시기, 곧 유리한 구조적 조건과 탄탄한 대중적 권력이 상대적으로 평등한 사회민주주의 모델의 가능성을 활짝 열어젖힌 짧은 순간인지 모른다. 그 시대 이전에 자본주의는 탐욕스러운 체제였으며, 신자유주의 아래에서 다시 탐욕을 부풀리며 자본주의 체제의 정상 상태로 돌아가고 있다. 아마 장기적으로 자본주의는 길들여지지 않을 듯하다. 자본주의를 벗어나는 혁명적 단절 개념을 옹호하는 이들은 자본주의를 길들인다는 생각이 환상이며 자본주의를 전복하기 위한 정치 운동을 구축하는 과제를 교란하려는 시도라고 줄곧 주장했다.

그렇지만 어쩌면 상황이 그렇게 비참하지는 않을 수 있다. 세계화 때문에 국가가 세금을 인상하고 자본주의를 규제하고 소득을 재분배하는 능력이 강하게 제약을 받는다는 주장이 정치적으로 유효한 이유는 사람들이 그렇게 믿기 때문이지 그런 제약이 실제로 그토록 빽빽하기 때문이 아니다. 어쨌든 국가가 세금을 인상할 수 있는 능력의 많은 부분은 자본가들이 과세를 피하기 위해 자본을 이동하려는 의지가 아니라 임금 소득자들이 자기 소득에 세금이 매겨지는 상황을 기꺼이 받아들이는 의지에서 나오며, 임금 소득자들이 과세를 받아들이는 의지는 그 계급의 집단적 연대 수준이 어느 정도인지에 크게 좌우된다. 정치에서 가능성의 한계는 언제나 어느 정도는 그런 한계를 향한 믿음으로 생겨난다. 신자유주의는 우리가 세상을 더 나은 곳으로 만드는 과정에서 맞닥뜨리는 실제적인 한계에 관한 과학적으로 정확한 설명이라기보다는 강력한 정치 세력의 뒷받침을 받는 이데올로기다. 황금기에 사회민주주의의 메뉴판을 구성하던 특정한 정책들이 효율이 떨어져서 재고할 필요가 생길 수는 있겠지만, 자본주의의 최악의 폐해 일부를 중화하는 규칙을 통해 자본주의를 길들이는 모습은 여전히 반자본주의의 생명력 있는 표현이다. 진보적인 사회민주주의의 부활을 가로막는 정치적 장애물이 상당할 테지만, 그렇다고 해서 자본주의의 본성상 국가의 행동으로 폐해를 완화하는 일이 이제 더는 불가능한 상황은 아니다.

자본주의에 저항하기

'자본주의에 저항하기'라는 표현은 여러 반자본주의 투쟁을 모두 아우르는 용어로 쓸 수 있다. 나는 이 표현을 좀더 협소한 방식으로 사용하려 한다. 국가의 외부에서 자본주의에 반대하면서도 스스로 국가 권력을 획득하려 시도하지 않는 투쟁 말이다. 자본주의를 길들이거나 해체하려면 어느 쪽이든 응집력을 갖춘 조직, 특히 정당이 높은 수준으로 집합적 행동을 지속적으로 하면서 국가 권력을 행사하려 시도해야 한다. 자본주의 길들이기는 국가 권력을 사용해서 자본주의의 폐해를 중화하기를 기대하는 반면, 자본주의 해체하기는 국가 권력을 자본주의 자체에 대항시키는 방식을 상상한다. 내가 여기에서 말하는 자본주의에 **저항하기**는 국가에 영향을 미치거나 국가의 행동을 봉쇄하면서도 국가 권력을 행사하려 시도하지는 않는다.

자본주의에 저항하기는 이 체제의 폐해를 누그러트리려 하면서도 국가 권력을 장악하려 하지는 않는다. 그렇게 하기보다는 시위를 비롯해 국가 외부에서 벌이는 여러 형태의 저항을 통해 자본가들과 정치 엘리트들의 행동에 영향을 미치려 한다. 우리는 자본주의를 변혁하지는 못하더라도 문제를 일으키고 시위를 벌이고 엘리트들이 자기가 한 행동 때문에 치러야 하는 비용을 높임으로써 자본주의의 폐해에 맞서 우리 자신을 지킬 수는 있다. 이 전략은 독성 폐기물과 환경을 파괴하는 발전 산업에 항의하는 환경론자들, 약탈적 대기업에 맞서 불매 운동을 조직하는 소비자 운동, 이민자, 빈민, 성 소수자의 권리를 지키는 운동권 변호사 등 다양한 부류의 많은 풀뿌리 활동가들이 추구한다. 또한 임금을 올리고 노동 조건을 고치려 파업을 조직하는 노동조합이 기본석으로 구사하는 전략적 논리이기도 하다.

형태는 다양하지만 자본주의에 저항하기는 아마 이 체제의 폐해에 맞서는 가장 널리 퍼진 대응일 듯하다. 이 전략은 시민사회에 뿌리를 두며, 노동과 공동체의 연대에 연결된다. 종종 계급을 넘어서 다양한 범위의 정체성, 곧 종족, 종교, 인종, 젠더 등이 자본주의에 맞선 저항 의제에 활기를 불어넣는다. 좀더 조직화된 형태로 벌어지는 자본주의에 저항하기는 대부분 여러 사회운동과 노동 운동이 주체가 된다. 그렇지만 허약한 노동조합과 적대적인 정치 환경 때문에 집단으로 사회적 항의를 벌이기 어려울 때에도 현장의 노동자들은 자본주의적 노동 과정과 계급 관계의 억압과 착취에 저항할 수 있다. 착취의 고유한 특징은 착취자가 피착취자의 노력에 의존한다는 데 있다. 그리고 인간은 로봇이 아니기 때문에 사람들은 어떤 식으로든 최대한까지 노력과 근면을 기울이지 않을 수 있다. 이런 태도야말로 자본주의에 저항하기를 특징짓는 가장 기본적인 형태다.

자본주의에서 벗어나기

자본주의의 약탈에 대응하는 가장 오래된 방식의 하나는 벗어나기다. 자본주의에서 벗어나기는 대체로 체계적인 반자본주의 이데올로기로 구체화되지 않았지만, 그렇다 하더라도 일관된 하나의 논리다.

자본주의는 너무 강력한 체제라 파괴할 수 없다. 자본주의를 해체하기는커녕 길들이기 위해서라도 비현실적인 수준의 지속적인 집단 행동이 필요하며, 어쨌든 이 체제 전체는 아주 크고 복잡해서 효과적으로 통제하기 어렵다. 기성 체제의 권력자들은 너무 강해서 쫓아내기 어렵고, 언제나 반대를 흡수하면서 자기들의 특권을 지켜낸다. 정부에 맞서 무익한 싸움을 벌일 수는 없는 법. 바꿔봤자 말짱 도루묵이다. 우리가 할 수 있는 최선은 자본주의의 파괴적 효과를 피해 고립을 추구하는 선택이며, 아마 어딘가 외딴 환경을 찾아 자본주의의 참화에서 완전히 벗어나는 방법이 최상일 듯하다. 세계 전체를 바꾸지는 못하더라도 지배의 그물망에서 최대한 벗어나 우리만의 미시적 대안 세계를 만들어 거기에 고립돼 살면서 행복할 수는 있다.

탈출의 충동은 자본주의의 폐해에 맞서서 내보이는 많은 익숙한 대응에 반영된다. 19세기 미국에서 가난한 농민들이 서부 변경으로 이동하게 만든 동기는 많은 경우에 시장만을 위한 생산보다는 안정된 자급자족 농사를 하고 싶다는 열망이었다. 19세기의 여러 유토피아 공동체는 평등과 호혜성의 원리에 따라 움직이면서 자급자족에 충실한 공동체를 창조하려 했다. 노동자 협동조합들은 자본주의 기업의 소외와 착취를 벗어나 민주주의와 연대와 평등의 원리를 중심으로 조직된 일터를 창소하려 했다. 사본주의에서 벗어나기는 1960년대 히피들의 모토인 '턴 온, 튠 인, 드롭 아웃turn on, tune in, drop out'(약물을 통해 새로운 정신세계를 열어젖히고, 주변 세상을 상대로 조화롭게 소통하고, 기성 체제에서 벗어나자)에 함축돼 있다. 아미시 같은 몇몇 종교 공동체는 자기들과 일반 사회 사이에 굳건한 장벽을 세우려고 시도하는데, 그러려면 자본주의 시장의 압력에서 최대한 벗어나는 삶이 필요하다. 가족을 '비정한 세상 속 안식처'로 규정하는 관점은 비경쟁적인 호혜성과 돌봄의 사회 공간으로 가족을 바라보는 이상을 표현한다. 가족 안에서 우리는 무정하고 경쟁적인 자본주의 세계에서 벗어난 피난처를 찾을 수 있다.

자본주의에서 벗어나기는 대체로 정치적 참여, 그리고 특히 세계를 바꾸려는 집단적으로 조직화된 시도를 회피하는 태도를 수반한다. 특히 오늘날 벗어나기는 대개 개인주의적인 라이프 스타일 전략이 된다. 그리고 때로 자본주의적 부에 의존하는 개인주의적 전략이 된다. 성공한 월스트리트 은행가가 '무한 경쟁을 포기'하기로 마음먹고 한적한 버몬트 주로 옮겨가서 자발적인 소박한 삶을 누리는 사례가 전형적이다. 물론 그러면서도 자본 투자로 쌓은 신탁 기금에 의지해 생활하지만 말이다.

자본주의에서 벗어나기는 정치학이 결여돼 있기 때문에 반자본주의의 한 형태로 인정하기가 쉽지 않다. 특히 이 관점은 자본주의 자체 내부에서 이룩한 특권을 반영하기 때문이다. '번잡한 일상생활에서 벗어나기' 위해 값비싼 하이킹 장비로 무장한 채 비행기를 타고 외딴곳으로 훌쩍 떠나는 야생 하이커를 자본주의에 반대하는 의미 있는 표현의 하나로 보기란 쉽지 않다. 그렇지만 자본주의에서 벗어나기 중에도 반자본주의의 폭넓은 문제에 관련된 사례가 많이 있다. 자본주의가 가하는 여러 압력에서 벗어나고 싶다는 욕망 때문에 의식적인 공동체가 생겨날 수 있지만, 때로는 이런 공동체들이 더욱 집합적이고 평등하며 민주적인 생활 방식으로 나아가는 본보기 노릇을 할 수도 있다. 종종 주로 자본주의 기업의 권위주의적인 일터와 착취에서 벗어나고 싶다는 욕망 때문에 활성화되는 협동조합이 또한 자본주의에 맞선 폭넓은 도전의 요소이자 대안적인 경제 형태의 구성 요소가 될 수 있다. 디아이와이 DIY 운동은 경제 긴축 시기에 개인 소득이 정체되면서 활성화될 수 있지만, 시장 교환에만 의존하지 않는 경제 활동을 조직화하는 길을 보여줄 수도 있다. 그리고 좀더 일반적으로 볼 때 자발적이고 소박한 '라이프 스타일'은 자본주의 내부의 소비주의와 경제 성장을 향한 집착을 거부하는 폭넓은 흐름에 기여하기도 한다.

전략적 지형

지금까지 검토한 다섯 가지 전략적 논리는 두 차원에 따라 달라진다. 첫째 차원은 간단하다. 전략의 주요 목표가 **폐해를 중화하기**인가, 아니면 **구조를 넘어서기**인가? 자본주의 길들이기와 자본주의에 저항하기는 둘 다 폐해를 중화하려 한다. 자본주의 분쇄하기, 자본주의 해체하기, 자본주의에서 벗어나기는 모두 자본주의의 구조를 넘어서려 한다.

둘째 차원은 좀더 복잡하다. 이 차원은 전략이 어떤 사회 체제의 '수준'이라고 할 수 있는 지점을 지향하는 방식에 관련된다. 게임 비유를 활용해 설명해보자.

게임은 한 무리의 규칙으로 정의되지만, 어떤 종류의 게임이든 규칙의 일부는 시간이 흐르면서 게임 자체를 의문시하지 않은 채 바뀔 수 있다. 몇몇 규칙은 분명 게임의 성격을 규정하는 데서 근본적이다. 이 규칙들은 참가자가 수행하는 게임 자체를 규정한다. 우리는 이런 규칙들을 게임의 토대를 형성하는 규칙이라고 부를 수 있다. 반면 다른 규칙들은 단지 게임 안에서 참가자들이 활용할 수 있는 전략에 영향을 미친다. 스포츠 경기를 예로 들어보자. 럭비와 축구는 서로 다른 게임이다. 두 게임이 구별되는, 게임의 토대를 형성하는 규칙의 하나는 공을 손에 들고 뛰는 행위가 허용되는지다. 럭비에서는 그렇게 할 수 있지만, 축구에서는 할 수 없다. 만약 축구 규칙을 정하는 국제기구가 선수들이 공을 손에 들고 뛸 수 있게 허용하기로 결정하면, 이 게임은 이제 더는 축구가 아니게 된다. 반면 오프사이드 규칙을 변경하는 조치는 이런 성격에 해당하지 않는다. 오프사이드는 상대편 골문 근처에서 기회를 노리며 어슬렁거리기만 하는 공격수를 막으려고 1863년에 도입됐다. 초기 규칙은 상대편 선수 세 명이 앞에 있지 않으면 공격수가 오프사이드에 걸린다고 규정했다. 오프사이드를 적용하는 데 필요한 상대편 선수의 수는 1925년에 두 명으로 줄었고, 마침내 1990년에 현재 형태로 바뀌었다. 공격수가 상대편 선수(골키퍼 제외) 한 명하고 같은 선상에 있기만 하면 온사이드가 된다. 이런 규칙 변화는 확실히 경기에서 선수들이 움직일 수 있는 방식에 영향을 미쳤지만, 경기의 기본 성격 자체가 바뀌지는 않았다.

이제 사회를 하나의 게임이라고 생각해보자. 어떤 게임을 할지를 두고, 또는 게임의 변경 가능한 규칙이나 특정한 게임 규칙 안의 동작을 둘러싸고 사회적 갈등이 일어날 수 있다. 자본주의 안에서 벌어지는 갈등과 자본주의를 놓고 벌어지는 갈등은 **표 1**에서 볼 수 있다. 어떤 게임을 할지를 둘러싸고 벌어지는 갈등은 혁명 정치 대 반혁명 정치로 나타난다. 내기 돈은 우리가 수행하는 게임이 자본주의냐 사회주의냐에 집중된다. 자본주의의 게임 안에서는 개혁 정치 대 반동 정치가 게임의 다양한 규칙을 둘러싸고 갈등을 형성한다. 이 경우에 내기 돈은 어떤 종류의 자본주의가 경제 체제를 지배할지에 관련된다. 이를테면 사회민주주의적 자본주의는 위험성과 취약성을 줄이고 노동자들의 집합적 조직을 보호하는 규칙을 두는 반면, 신자유주의적 자본주의는 기업 권력을 보호하고, 국가의 재분배적 시장 개입을 방해하며, 공공재 생산을 축소하는 규칙을 둔다. 마지막으로, 게임 안의 동작을 둘러싼 갈등은 일상적인 이익 집단 정치인데, 여기에서는 개인과 집단이 각자의

표 1 자본주의 안의 정치적 갈등에 관한 게임 비유

게임 비유	정치적 갈등의 형태	갈등에 걸린 내기 돈	변혁의 논리
어떤 게임을 하는가	혁명 대 반혁명	자본주의냐 사회주의냐	파괴적 단절
게임의 규칙	개혁 대 반동	자본주의의 종류	공생
게임 안의 동작	이익 집단 정치	직접적인 경제적 이해	틈새

출처: Robert Alford and Roger Friedland, *The Powers of Theory: Capitalism, the State, and Democracy*, Cambridge University Press, 1985, pp. 6~11.

경제적 이해관계에 따라 전략을 채택하면서 기성의 게임 규칙을 고정된 요소로 받아들인다.

　게임/규칙/동작이라는 세 가지는 파괴적 단절, 공생, 틈새 등 사회 변혁의 세 논리라고 부를 수 있는 논리에 상응한다. 파괴적 단절 변혁은 사회 구조상의 단절, 수행되는 게임의 성격상 일어나는 급격한 중단을 수반한다. 공생적 변혁은 좀더 복잡해서 사회 체제의 규칙의 변화를 수반하는데, 체제가 좀더 순조롭게 운영되게 만드는 동시에 나중에 진행될 변혁을 위한 공간을 확대한다. 마지막으로 틈새 변혁은 기성의 게임 규칙 안에서 일어나는 동작의 누적 효과에서 생겨난다.

　이제 반자본주의의 다섯 가지 전략적 논리로 돌아가자. 자본주의 분쇄하기는 어떤 게임을 수행할지를 선택하는 차원에서 정의되는 전략이고, 자본주의 길들이기와 해체하기는 게임

표 2 반자본주의 전략의 유형 분류표

		투쟁 목표	
		폐해 중화하기	구조 넘어서기
체제 차원	게임 자체		분쇄하기
	게임 규칙	길들이기	해체하기
	게임 동작	저항하기	벗어나기

의 규칙이라는 측면에서 정의되며, 자본주의에 저항하기와 자본주의에서 벗어나기는 게임의 동작 차원에서 작동한다. 두 차원을 하나로 합치면 **표 2**의 유형 분류표가 나온다.

물론 실제 역사에서 벌어진 사회운동과 정치 운동은 이 유형 분류표의 한 칸에 쏙 들어가지 않는다. 20세기에 혁명적 공산주의자들은 자본주의에 저항하기와 자본주의 분쇄하기를 결합해야 한다고 공공연하게 주창했다. 공산주의자 투사들은 노동 운동에 적극적으로 참여해야 한다는 독려를 받았다. 이런 참여가 노동 계급 연대를 건설하고 노동 계급 의식을 변혁하는 데 필수적인 일부분이라는 믿음이 있기 때문이었다. 궁극적인 전략은 여전히 국가 권력을 장악해서 조직되는 체제의 파괴적 단절을 지향했지만, '시기가 무르익을 때' 이런 단절을 결국 가능하게 만든다고 여겨진 과정을 구성하는 필수 부분은 노동 운동 안에서 자본주의에 맞선 전투적 저항에 활발히 관여하는 공산당이었다.

민주사회주의는 자본주의 분쇄하기라는 개념을 포기했지만, 그래도 여전히 자본주의를 점진적으로 해체함으로써 결국 그 구조를 넘어서는 전략을 추구했다. 민주사회주의의 전략적 지형은 자본주의의 폐해를 중화하려는 개혁과 강한 국가 부문을 건설하고 노동 운동을 지지하려는 시도를 결합했다.

사회민주주의 또한 자본주의에 저항하기를 수반하지만, 이런 저항을 자본주의 길들이기에 결합하는 한편 기성 체제를 해체하려는 시도를 대체로 포기한다. 여기서 노동 운동은 사회민주주의 정당들을 따라서 조직됐다. 사실 때때로 이런 연결은 사회민주주의 정당들이 사실상 노동 운동의 정치 부문을 떠맡는 형태를 띠었다. 사회민주주의를 특징짓는 점진적 개혁주의는 대부분 노동 운동이 사회민주주의 정치에 미치는 영향력에서 나왔고, 사회민주주의 안에서 반자본주의가 쇠퇴한 이유 중 하나는 자본주의에 저항하는 전투적 노동 운동이 쇠퇴한 현실이다.

때로 사민주의 정당들에는 자본주의 길들이기를 넘어서 자본주의 해체하기로 나아가려는 정치적 열망을 품은 강력한 좌파 세력이 있었다. 1970년대 초 스웨덴이 대표 사례인데, 사민주의 좌파는 마이드너 계획Meidner Plan(스웨덴 경제학자 루돌프 마이드너Rudolf Meidner의 이름을 땄다)이라는 정책을 제안했다. 이 계획을 통해 스웨덴 노동조합은 장기간에 걸쳐 스웨덴 기업의 대주주가 될 수 있었다. 실제로 자본의 권력을 일부 해체하는 전략이었다. 그러나 급진적인 형태의 마이드너 계획은 정치적으로 패배했고, 스웨덴 사민당은 자본주의 길들이기라는 안전한 범위로 후퇴했다.

자본주의의 폐해에 대응하는 아나키즘 성향의 사회운동은 종종 자본주의의 약탈에 맞선 수세적 대응 속에서 자본주의에 저항할 뿐이지만, 때로는 저항이 자본주의적 관계를 대체할 대안을 건설하려는 실천에 결합된다. 19세기에 협동조합과 공제조합은 종종 자본주의에 맞선 저항의 맥락에서 등장했고, 현대에는 사회 운동이 사회/연대 경제를 촉진하기도 한다. 브라질의 무토지 농민 운동 같은 몇몇 사례에서는 사용하지 않는 땅에 쳐들어가서 대안적 경제 구조를 건설하는 행동이 저항 자체의 핵심 도구가 된다.

이 네 가지 지형이 20세기 자본주의 사회에서 부정의와 억압에 맞서는 주요한 전략적 대응이었다. 세기 말에 이르면 이중 앞의 둘은 적어도 선진 자본주의 나라들에서는 정치 풍경에서 거의 사라져버렸다. 혁명적 공산주의는 자본주의를 해체하기 위한 파괴적 단절 전략을 시도한 체제들이 붕괴한 탓에 신뢰성이 부족했고, 민주사회주의는 자본주의 경제 내부에 국가사회주의 부문을 건설하는 선거 전략을 지탱하는 데 거듭 실패한 탓에 주변으로 밀려났다. 선진 자본주의 국가의 사회민주주의 또한 사라지지는 않지만 쇠퇴하고 있으며, 전투적 노동 운동에 이어진 연계를 대부분 잃어버렸다. 21세기 초

표 3 자본주의 잠식하기

		투쟁 목표	
		폐해 중화하기	구조 넘어서기
체제 차원	게임 자체		분쇄하기
	게임 규칙	길들이기	해체하기
	게임 동작	저항하기	벗어나기

반 반자본주의의 가장 역동적인 형태는 종종 아나키즘 경향이 강한 여러 사회운동에 근거를 뒀다. 이 운동들은 '다른 세계는 가능하다'고 계속 공언하고 있다. 자본주의에 맞서는 이런 저항은 대부분 국가 권력을 겨냥하는 원대한 정치 기획하고는 단절됐고, 따라서 정당하고도 단절됐다.

그렇지만 적어도 라틴아메리카와 남유럽에서 자본주의에 반대하는 몇몇 운동을 보면, 자본주의에 저항하기와 자본주의에서 벗어나기라는 시민사회를 중심으로 한 상향식 기획과 자본주의 길들이기와 자본주의 해체하기라는 국가 중심적 하향식 전략을 결합하는 새로운 전략적 사고의 시초가 나타나고 있는 듯하다. **자본주의 잠식하기**라고 이름 붙일 만한 이 새로운 전략적 지형은 **표 3**에서 볼 수 있다.

자본주의 잠식하기

자본주의 잠식하기라는 전략적 개념은 이따금 사회 투쟁과 정치 투쟁에 함축돼 있지만, 대체로 사회적 부정의에 대응하는 중심적인 조직 원리로 전면에 대두되지는 않는다. 밑바탕에 놓인 추론은 다음 같다.

잠식 전략은 경제 체제 개념에 관한 특정한 이해에 바탕을 둔다. 자본주의를 생각해보자. 순수하게 자본주의적인 경제는 존재한 적이 없다. 아니 존재할 수 없다. 자본주의는 시장 교환과 생산수단의 사적 소유의 결합, 노동 시장을 통해 충원되는 임금 소득자 고용으로 정의된다. 현존하는 경제 체제는 자본주의를 재화와 서비스의 생산과 분배를 조직하는 한 무리의 다른 방법들에 결합한다. 국가가 직접 조직하는 방법, 가족의 친밀한 관계 안에서 성원들의 욕구를 충족시키기 위해 조직하는 방법, 흔히 말하는 이른바 사회/연대 경제 속에서 공동체에 기반한 네트워크와 조직을 통하는 방법, 비영리적인 시장 지향 조직을 통하는 방법, 협동적인 생산 과정에 참여하는 피투피P2P 네트워크를 통하는 방법, 그리고 그 밖에도 많은 가능한 방법이 있다. 경제 활동을 조직하는 이런 방법들 중 일부는 자본주의적 요소와 비자본주의적 요소를 결합하는 혼종으로 간주될 수 있다. 일부는 전적으로 비자본주의적이고, 일부는 반자본주의적이다. 다시 게임 비유로 돌아가면, 현실의 경제 체제에서 각기 다른 다양한 게임이 동시에 수행되는데, 각각에는 나름의 규칙과 동작이 있다. 자본주의가 대부분의 사람들이 영위하는 생활과 생계 활동의 경제적 조건을 결정하는 데서 지배적인 구실을 할 때, 우리는 이 복잡한 경제 체제를 '자본주의' 체제라고 부른다. 이런 지배는 대단히 파괴적이다. 자본주의에 도전하는 한 가지 방법은 이 복잡한 체제 내부의 여러 공간과 틈새에서 가능한 곳마다 더 민주적이고 평등하며 참여적인 경제 관계를 건설하는 길이다. 자본주의 잠식하기라는 개념은 이 대안들이 장기적으로 개인과 공동체의 삶에서 충분히 두드러지게 돼 결국 이 체제에서 자본주의의 지배적 구실을 대체할 수 있는 잠재력이 충분하다고 상상한다.

자연 생태계에 느슨하게 비유하는 방식이 도움이 된다. 호수가 하나 있다고 생각하자. 호수는 특정한 종류의 토양과 지형, 수자원과 기후를 가진 채 하나의 풍경을 형성하는 물로 구성된다. 물속에는 다양한 물고기와 갖가지 생물이 살고 있으며, 여러 종류의 식물도 물속과 물가에서 자란다. 이 모든 요소들이 집합적으로 호수의 자연 생태계를 구성한다. 모든 것이 호수 안에 있는 다른 모든 것에 영향을 미친다는 의미에서 호수는 하나의 '계系'이지만, 모든 부분이 촘촘하게 엉겨 붙은 하나의 통일된 전체 속에 기능적으로 연결되는 단일 유기체의 계는 아니다. 일반적으로 사회 체계는 모든 구성 부분이 하나의 기능을 수행하는 유기체보다는 느슨하게 연결된 채 상호 작용하는 부분들로 구성된 생태계로 보는 편이 더 타당하다. 이런 생태계에서는 호수에서 '자연적으로' 발견되지 않는 외래종 물고기를 들여올 수 있다. 일부 외래종은 곧바로 잡아먹힌다. 다른 외래종은 호수의 일부 작은 틈새 공간에서 살아남으면서도 이 생태계의 일상생활을 크게 바꾸지는 못한다. 그렇지만 이따금 외래종이 번성해서 결국 우점종을 밀어낼 수 있다. 자본주의 잠식하기라는 전략적 전망은 비자본주의적 경제 활동이라는 해방적 종들 중에서 가장 활발한 종류를 자본주의 생태계에 들여오면서 그 종들이 살아갈 틈새 공간을 보호하고 서식지를 확대하는 길을 알아냄으로써 발전하도록 돌보는 상황을 상상한다. 궁극적인 희망은 결국 이 외래종들이 비좁은 틈새 공간에서 넘쳐흘러 생태계 전반의 성격을 변혁할 수 있다는 가능성이다.

자본주의를 넘어서는 과정에 관한 이런 사고방식은 유럽의 전자본주의적 봉건 사회가 자본주의로 이행한 과정을 다룬 전형적으로 도식화된 이야기하고 어느 정도 비슷하다. 중세 후기 봉건 경제 안에서 특히 도시를 중심으로 원형 자본주의적 관계와 관행이 등장했다. 초기에는 상인이 주도하는 교역에 더불어 길드가 규제하는 장인 생산과 은행업이 중심이었다. 이런 형태의 경제 활동이 틈새를 메웠는데, 봉건 엘리트들에게도 종종 꽤 유용했다. 이런 틈새 공간 안에서는 지배적인 봉건주의하고는 사뭇 다른 규칙에 따라 게임이 수행됐다.

이런 시장 활동의 범위가 확대되면서 점차 성격이 자본주의에 가까워졌고, 몇몇 장소에서는 경제 전반을 지배하던 기성의 봉건적 관계가 잠식됐다. 여러 세기에 걸쳐 길고 곡절 많은 과정을 거치면서 유럽의 몇몇 장소에서 경제 생활을 지배하던 봉건 구조가 무너졌다. 봉건주의는 이미 잠식된 상태였다. 이 과정은 정치적 소요에 더해 심지어 혁명까지 일어나면서 중단되기도 했지만, 이런 정치적 사건들은 경제 구조에서 파괴적 단절을 형성하기보다는 대체로 사회경제 구조 안에서 이미 일어난 변화들을 비준하고 합리화하는 데 더 기여했다.

자본주의 잠식하기라는 전략적 전망은 비슷한 방식으로 경제를 지배하는 자본주의의 구실을 벗겨내는 과정을 바라본다. 민주적이고 평등한 관계를 구현하는 대안적인 비자본주의적 경제 활동은 자본주의가 지배하는 경제 안에서 가능한 틈새 공간에 등장한다. 이런 활동은 시간이 흐르면서 자생적으로, 그리고 또한 의도적인 전략의 결과로 확대된다. 이 중 일부는 공동체 안에서 아래부터 시작되는 적응과 선도적 기획으로 나타난다. 다른 일부는 현실적인 문제를 해결하기 위해 국가가 위부터 적극적으로 조직하거나 후원한다. 이런 대안적인 경제적 관계는 민주주의와 평등, 연대로 특징지어지는 생산관계를 지닌 경제 구조의 구성 요소가 된다. 때로는 이런 공간을 보호하기 위해, 또한 때로는 새로운 가능성을 촉진하기 위해 국가가 연루되는 투쟁이 벌어진다. 이 투쟁에 관여하는 이들은 정기적으로 구조적인 '가능성의 한계'를 맞닥트린다. 이 한계 지점을 넘어서려면 자본주의가 작동하는 밑바탕을 형성하는 '게임의 규칙'의 결정적 특징을 변경하는 목표를 가진 강렬한 정치적 동원이 필요하다. 이런 동원은 종종 실패하지만, 적어도 때로는 이런 변화를 달성하기 위한 조건이 성숙하고 가능성의 한계가 확장된다. 이렇게 위부터 시작하는 변화와 아래에서 시작하는 선도적 기획이 상호 작용하면서 누적된 효과가 마침내 일정한 지점에 도달해 경제 생태계 내부에서 창출된 사회주의적 관계가 개인과 공동체의 삶에서 두드러진 자리를 차지하면, 이제 자본주의가 지배적이라고 말할 수 없게 된다.

이런 전략적 복합체는 자본주의가 최악의 폐해를 중화하고 국가를 중심으로 한 대안을 창출하기 위해서 작동하는 바탕을 형성하는 게임 규칙을 위부터 시작해 바꾼다는 사회민주주의적이고 민주사회주의적인 진보적 전망을, 해방의 열망을 구현하는 새로운 경제 관계를 아래부터 시작해 창출한다는 좀더 아나키즘적인 선망에 결합한다. 어떤 정치 운동도 장기에 걸쳐 자본주의의 지배력을 잠식하기 위해서 자본주의에 저항하기와 길들이기, 해체하기와 벗어나기의 이런 전략적 복합체를 공공연하게 신봉하지는 않는다. 그렇지만 그리스의 시리자Syriza나 스페인의 포데모스Podemos같이 진보적인 사회운동에 긴밀하게 연대하는 정당들에서는 이런 방향으로 나아가는 추진력을 발견할 수 있다. 자본주의 잠식하기는 또한 기성의 일부 중도 좌파 정당 내부의 젊은 흐름에도 공명할 수 있다. 2016년 미국 대통령 선거에서 민주당의 버니 샌더스를 지지한 사람들과 영국 노동당의 제러미 코빈 지지 세력이 대표적인 사례다.

하나의 전략적 전망으로서 자본주의 잠식하기는 매혹적이면서도 억지스럽다. 이 전략이 매혹적인 이유는 국가가 사회 정의와 해방적 사회 변화의 진전에 아주 적합해 보이지 않을 때에도 우리가 많은 일을 할 수 있다는 사실을 시사하기 때문이다. 우리는 낡은 세계의 잿더미 위가 아니라 그 세계의 틈새 안에서 새로운 세계를 건설하는 일을 계속할 수 있다. 또한 내가 '현실적 유토피아'라고 이름 붙인 장소들, 곧 여전히 자본주의가 지배하는 사회 안에서 자본주의를 넘어서는 해방적 종착지의 조각들을 건설할 수 있다. 이 전략이 억지스러운 이유는 자본주의가 지배하는 경제 안에서 아무리 해방적 경제 공간을 축적한다고 해도 자본주의 대기업이 거대한 권력과 부를 갖고 있으며, 대부분의 사람들이 자본주의 시장의 순조로운 기능에 생계를 의존하는 현실을 감안할 때 자본주의를 정말로 잠식하고 대체하기란 참으로 불가능해 보이기 때문이다. 분명 비자본주의적인 해방적 형태의 경제 활동과 관계가 자본주의의 지배력을 위협하는 수준까지 증대하지 않는다면, 이런 활동과 관계는 분쇄되고 만다.

자본주의 잠식하기가 단순한 환상이 아니라는 사실을 보여주기 위해 나는 다음에 이어지는 장들에서 세 가지 쟁점을 다루려 한다.

첫째, 자본주의의 해방적 대안 개념에 더 많은 실질적 내용을 채워야 한다. 우리가 대안 사회에서 구현되기를 바라는 가치들을 언급하는 정도만으로는 충분하지 않다. 우리는 또한 대안 사회를 구성하는 요소들이 무엇인지 분명하게 밝혀야 한다. 4장에서는 자본주의를 넘어서는 해방적 종착지의 기본적 윤곽을 논의할 생각이다.

둘째, 국가 문제를 부여잡고 씨름해야 한다. 전략적 구상으로서 자본주의 잠식하기는 해방적 대안을 건설하기 위한 공간을 지탱하는 방식으로 국가를 활용하는 동시에 이런 공간을 채우기 위해 아래에서 시작하는 폭넓은 기획을 추구한다. 그렇지만 만약 자본주의 국가가 자본주의를 어떤 위협에서든 체계적으로 보호하려는 방식으로 설계돼 있다면, 이런 시도가 어떻게 가능할까? 5장에서는 자본주의 국가에는 계급적 편향이 내재돼 있는데도 자본주의 너머를 가리키는 해방적인 비자본주의적 관계의 확장을 촉진할 수 있는 새로운 게임 규칙을 만드는 일이 어떻게 가능한지를 검토하려 한다.

셋째, 모든 전략이 그러하듯 자본주의 잠식하기도 집합적 행위자가 필요하다. 전략은 그냥 생겨날 수 없으며, 조직과 정당, 운동을 통해 사람들이 채택해야 비로소 출현한다. 자본주의를 잠식하기 위한 집합적 행위자는 어디에 있을까? 고전적인 마르크스주의에서는 '노동 계급'을 자본주의에 도전할 수 있는 집합적 행위자로 봤다. 자본주의 잠식하기 전략을 추구하는 데 필요한 사회 세력을 구성할 수 있는 현실적으로 가능한 시나리오는 뭘까? 6장에서는 이 문제를 탐구하려 한다.

4장

자본주의를
넘어선 종착지

경제민주주의와 사회주의

현재 상태를 비판하는 일은 언제나 믿음직한 대안을 제시하는 일보다 더 간단하다. 사회적 항의 운동의 이름에 종종 '반反'이라는 접두어가 붙는 이유도 바로 이런 점 때문이다. 반전 운동은 전쟁에 반대한다. 반긴축 운동은 예산 감축에 반대한다. 반세계화 운동은 다국적 기업과 전지구적 금융에 유리한 규칙을 지닌 전지구적 자본주의 통합이라는 신자유주의 정책에 반대한다. 그리고 시민권 운동, 환경 운동, 여성 운동 등 어떤 운동이 긍정적인 열망에 따라 이름이 붙는 사례도 주로 어떤 대상을 종식시키라는 식으로 요구가 정식화되는 일이 다반사다. 흑인 차별 법률 종식, 주거 차별 종식, 경찰의 인종 프로파일링 종식, 수압 파쇄 셰일가스 시추 중단, 고용 성차별 종식, 동성애자 커플의 결혼 제한 종식 등등.

여기에서는 이런 운동에 참여하는 사람들이 아주 다른 종류의 사회 세계를 지향하는 긍정적인 가치나 희망에 확고하게 몰두하지 않는다는 문제가 쟁점이 아니다. 1960년대 미국에서 벌어진 시민권 운동은 평등과 민주주의와 공동체라는 해방적 가치를 철저하게 구현했다. 문제는 기성의 억압적 체제를 해체하는 일보다 긍정적 대안을 중심으로 통일된 요구를 정식화하는 일이 한층 더 어렵다는 점이다. 미국의 시민권 운동에서 인종 차별 법률 폐지를 요구하는 일이 무슨 의미인지는 분명했다. 반면 모든 사람에게 좋은 일자리를 제공하고, 빈곤을 종식시키고 보통 사람들에게 힘을 주는 새로운 정책과 포용적 제도를 요구하는 일이 무슨 의미인지는 한결 명확하지 않았다. 일단 1960년대에 시민권 운동이 차별 반대와 평등권에만 거의 전적으로 집중하는 데서 벗어나 권력과 경제적 기회 문제를 중심으로 해 긍정적인 평등 의제로 옮겨가고, 이런 목표를 달성하기 위해 대안적인 제도들이 필요하다는 점을 분명히 밝히기 시작하자 운동의 통일성이 허물어졌다.

20세기의 마지막 몇 십 년까지 급진적 반자본주의자들은 자본주의의 바람직한 대안이 무엇인지에 관해 매우 뚜렷한 생각을 갖고 있었다. 급진적 반자본주의자들은 이 대안을 '사회주의'라고 불렀다. 자칭 사회주의자들 사이의 견해차는 이 종착지에 자리할 중심적 제도들보다는 여기에서 그곳까지 어떻게 갈지를 둘러싸고 훨씬 날카롭게 갈렸다. 혁명적 단절이 필요한가, 아니면 개혁을 통해 점진적으로 변혁이 일어날 수 있는가? 일반적으로 말하자면 사회주의는 사적 소유를 주요 생산수단의 국가 소유로 대체하고, 시장을 이윤 극대화보다 욕구 충족을 목표로 삼는 모종의 종합적 계획으로 대체하는 경제 체제로 이해됐다. 물론 많은 세부 사항을 분명히 밝혀야 했고, 때로는 이런 세부 사항에 관한 구상들이 떠들썩한 논쟁의 원천이 될 수 있었지만, 자본주의의 대안으로서 사회주의의 기본 윤곽은 충분히 뚜렷해 보였다.

20세기 말에 이르자 자본주의 비판자들 사이에 자본주의의 바람직한 대안을 이렇게 고도로 국가주의적인 방식으로 이해하는 생각을 크게 확신하는 이는 거의 없었다. 소련과 중국을 비롯한 여러 나라에서 자본주의의 매력적인 대안을 건설하려는 역사적 시도가 결국 실패하자 관료가 지휘하는 종합적인 중앙 계획이라는 구상이 신뢰를 잃었다. 이런 특정 국가들에서 진행된 과정이 대단히 억압적인 성격을 보인데다가 이 경제들이 낳은 비합리성이 워낙 만연한 탓이었다. 그렇지만 그렇다고 해서 자본주의의 어떤 생명력 있는 대안에서든 시장이 중심적 구실을 해야 한다고 말하거나, 완전히 새로운 형태의 계획을 상상해야 하는 걸까? 생산수단의 국가 소유가 자본주의를 넘어서는 데 필수적인가, 아니면 포스트 자본주의 경제에서는 다양한 사회적 소유 형태가 가능한가? 오늘날 반자본주의자들은 계속해서 자본주의를 진단하고 비판하지만, 잠재적으로 자본주의를 대체할 수 있는 바람직하고 생명력 있고 달성 가능한 대안의 성격에 관해서는 분명하게 말하지 못한다.

이 모든 모호성을 감안할 때 어쩌면 '사회주의'라는 단어 자체를 버려야 할지 모른다. 모든 단어는 역사적 맥락을 거치면서 의미가 쌓이는데, 어쩌면 사회주의는 20세기의 억압적 정권들에 결부되면서 그 의미가 너무 더럽혀진 탓에 이제 더는 자본주의의 해방적 대안들을 아우르는 포괄적 용어로 쓸 수 없을 듯하다. 그렇지만 21세기의 처음 몇 십 년 동안 사회주의 이념은 긍정적인 도덕적 지위를 어느 정도 다시 획득하고 있다. 2016년 갤럽이 실시한 여론 조사를 보면 30세 이하 미국인의 과반수가 '사회주의'에 우호적인 견해를 나타냈다. 그리고 어쨌든 세계 많은 지역에서 사회주의는 여전히 자본주의의 정의롭고 인간적인 대안에 관해 이야기하는 데 쓰는 언어로 남아 있으며, 다른 어떤 용어도 그만큼 널리 통용되지 않는다. 따라서 이 책에서는 이 용어를 계속 사용한다.

이 장에서는 자본주의를 넘어선 잠재적 종착지로서 사회주의를 사고하는 한 가지 방법을 자세히 설명하겠다. 다음 절에서는 대안적인 경제 구조에 관해 사고하는 특정한 방법을 제시하려 한다. 이 논의를 하려면 꽤 추상적인 사회 이론을 파고들어야 하겠지만, 여러 기본 개념들을 정확히 밝히는 데 필요한 일이다. 그다음에는 해방적 가치들을 실제로 실현할 수 있는 사회주의 경제의 몇몇 구성 요소에 관해 좀더 구체적인 논의를 해보자.

권력 중심 사회주의 개념

사회주의 개념을 재고하는 데 접근하는 한 가지 길은 경제 구조 안에서 권력, 특히 경제적 자원의 할당과 사용에 관한 권력이 조직되는 방식에 초점을 맞추는 방법이다. 물론 권력을 들먹이는 순간 이론적 쟁점들이 가득한 판도라의 상자가 열린다. 권력만큼 사회이론가들의 논쟁이 분분한 개념은 없으며,

따라서 여기서 나는 의도적으로 간결하게 정리한 개념을 채택하려 한다. 곧 권력은 효과를 발휘하기 위해 세계에서 일을 할 수 있는 역량이다. 이 정의는 '행위자 중심적' 권력 개념이라고 부를 수 있다. 개인적으로 행동하기도 하고 집합적으로 행동하기도 하는 사람들은 권력을 행사해서 어떤 일을 달성한다. 경제 체제에서 사람들은 권력을 행사해 경제 활동을 통제한다. 투자를 할당하고, 기술을 선택하고, 생산을 조직하고, 작업을 지시한다는 말이다.

권력은 일을 하는 역량이지만, 이 역량은 여러 가지 다른 형태를 띨 수 있다. 경제 체제 안에서 세 가지 각기 다른 형태의 권력이 특히 두드러진다. 경제 권력, 국가 권력, 그리고 내가 '사회 권력'이라고 부르는 권력이다. 앞의 두 가지는 익숙하다. 경제 권력은 경제적 자원의 통제를 바탕으로 한다. 국가 권력은 일정한 영토에 관한 규칙의 제정과 집행의 통제에 근거를 둔다. 내가 사용하는 사회 권력이라는 표현은 협동적이고 자발적인 집합 행동을 위해 사람들을 동원할 수 있는 역량에 뿌리를 두는 권력이다. 경제 권력의 행사는 사람들을 **매수**해서, 그리고 국가 권력의 행사는 사람들을 **강제**해서 일을 하게 만든다면, 사회 권력의 행사는 사람들을 **설득**해서 일을 하게 만든다.

사회 권력은 민주주의 개념에서 중심을 차지한다. 어떤 국가가 민주적이라는 말은 국가 권력이 사회 권력에 종속되는 상황을 의미한다. 민주주의 국가에서는 모든 국가가 그러하듯 관리들이 국가 권력, 곧 일정한 영토에 관해 구속력 있는 법규를 제정하고 집행하는 권력을 휘두르지만, 정치적 민주주의에서는 국가 권력 자체가 사회 권력에 체계적으로 종속된다. '국민의 지배'라는 표현은 사실 '고립된 인간으로 간주되는, 사회 속 분산된 개인들의 원자화된 총합이 하는 지배'가 아니라 정당, 공동체, 노동조합 등 다양한 방식으로 자발적인 결사 아래 집합적으로 조직된 사람들이 하는 지배를 의미한다. 선거는 이렇게 국가 권력을 사회 권력에 종속시키는 가장 익숙한 방법이다. 국가 권력이 사회 권력에 더 많이 종속될수록 국가는 더욱 깊이 민주화된다.

이런 세 가지 권력 형태의 측면에서 볼 때, 사회주의는 다른 두 종류의 경제 구조, 곧 자본주의와 국가주의하고 구별될 수 있다.

자본주의는 경제에서 자원의 할당과 사용이 **경제 권력**의 행사를 통해 달성되는 경제 구조다. 생산에 관한 투자와 통제는 자본 소유자들이 경제 권력을 행사한 결과다.

국가주의는 각기 다른 목적의 자원 할당과 사용이 **국가 권력**의 행사를 통해 달성되는 경제 구조다. 국가 관리들이 모종의 국가 행정 메커니즘을 통해 투자 과정과 생산을 통제하며, 이 메커니즘을 통해 국가 권력을 행사한다.

사회주의는 각기 다른 목적의 자원 할당과 사용이 **사회 권**

력의 행사를 통해 진행되는 경제 구조다. 사회주의에서는 보통 사람들이 무엇을 할지를 집합적으로 결정할 수 있게 해주는 제도를 통해 투자 과정과 생산을 통제한다. **따라서 기본적으로 사회주의는 경제민주주의하고 같은 뜻이다.**

이런 자본주의, 국가주의, 사회주의의 정의를 사회학자들은 '이상형'이라고 부른다. 3장에서 지적한 대로 실제 경제는 이렇게 상이한 경제 관계 형태들이 어떻게 상호 작용하고 뒤섞이는지에 따라 달라지는 복잡한 **생태계**다. 따라서 어떤 경제를 가리키는 '자본주의'라는 단어는 '자본주의적 관계가 지배하는 상황 아래 자본주의적, 국가주의적, 사회주의적 권력 관계를 결합하는 경제 생태계' 같은 거추장스러운 표현을 축약한 말이다. 마찬가지로 어떤 경제가 국가주의인 수준은 국가 권력이 경제 권력과 사회 권력을 둘 다 지배하는 정도만큼이다. 그리고 마지막으로, 어떤 경제가 사회주의인 수준은 사회 권력이 국가 권력과 경제 권력을 지배하는 정도만큼이다.

이런 경제 형태 유형론에는 시장에 관한 언급이 전혀 없다. 자본주의의 대안을 둘러싸고 벌어지는 많은 논쟁이 시장이냐 계획이냐 하는 양자택일의 틀 안에 갇힌 상황에서 이런 사실은 기묘해 보일지 모른다. 실제로 종종 자본주의의 개념 자체가 시장에 동일시된다. 그렇지만 이런 동일시는 잘못된 생각이다. 시장은 자본주의 경제뿐 아니라 실행 가능한 어떤 국가주의나 사회주의 경제에서도 일정한 구실을 한다. 문제는 시장이 존재하는지가 아니라 다른 형태의 권력들이 어떻게 시장 내부에서 탈집중화된 교환의 작동을 실현하는지다. 독일 총리 앙겔라 메르켈은 **시장에 순응하는 민주주의**를 호소하는 정치인으로 유명하다. 그렇지만 우리에게는 **민주주의에 순응하는 시장**, 곧 사실상 민주적 권력의 행사에 종속되는 시장 경제가 필요하다.

특정한 종류의 권력 관계들을 결합하는 생태계로 바라보는 경제 개념은 어떤 분석 단위, 이를테면 부문, 지역 경제, 국가 경제, 심지어 글로벌 경제를 설명하는 데도 활용될 수 있다. 이런 권력 관계는 또한 개별적인 생산 단위에도 상호 침투하기 때문에 특정한 기업들은 그 주위를 둘러싸는 경제 생태계 안에서 작동하는 **잡종**일 수 있다. 강력한 노동자 협의회가 존재하며 노동자 대표가 이사회에 참석하는 자본주의 기업은 자본주의 요소와 사회주의 요소가 섞인 잡종이다. 이런 기업은 자본 소유자들이 기업 관련 투자를 통제한다는 점에서 여전히 자본주의적이지만, 기업 운영에 관한 통제가 또한 사회 권력의 행사를 수반하는 한 순수한 자본주의적 기업이라고 보기 어렵다.

경제 체제에 관해 사고하는 이런 방식에 담긴 함의의 하나는 자본주의와 사회주의의 대조를 단순한 이분법으로 보면 안 된다는 사실이다. 경제란 자본주의가 아니면 사회주의라고 생각해서는 안 된다는 말이다. 대신에 우리는 한 경제 체제가 어느 정도나 자본주의적이거나 사회주의적인지를 이야기할 수 있다. 이런 면에서 보면 3장에서 말한 자본주의 잠식하기라는 장기 전략은 자본주의의 지배력을 무너트리는 방식으로 경제 체제의 사회주의적 요소들을 확장하고 심화하는 과정을 상상할 수 있다. 무슨 말이냐면 경제 활동을 민주적으로 조직하는 다양한 방식을 심화하고 확대할 수 있다는 뜻이다.

민주사회주의 경제의 구성 요소

사회주의의 중심적인 조직화 개념이 경제민주주의라고 말하는 문제와 그 개념을 중심으로 조직화된 경제의 제도적 설계를 정말로 자세하게 설명하는 문제는 전혀 다르다. 전통적으로 반자본주의자들은 이런 시도를 할 때 상상적 대안의 어떤 단일한 구조를 설명한다. 때로 이 구조는 미세한 선까지 드러나는 청사진 형태를 띤다. 한편 중앙 계획에 결합된 국가 소유나 탈집중화된 참여적 계획, 협동적으로 소유하고 경영하는 기업에 결합된 시장사회주의 같은 독특한 제도적 구조를 중심으로 대안이 설명되는 경우가 더 많다.

나는 이런 단일한 구조의 민주사회주의를 제안할 수 없다. 단지 상상력이 부족하기 때문이라고 생각지는 않는다(물론 그럴지도 모른다). 그렇다기보다는 나는 단일한 제도적 구조를 중심으로 돌아가는 사회주의 경제 모델은 생명력을 갖기가 무척 어렵다고 생각한다. 민주적-평등주의적 경제에 최적인 제도적 지형은 참여적 계획, 공기업, 협동조합, 민주적으로 규제되는 사기업, 시장, 그 밖의 다양한 제도적 형태의 혼합일 가능성이 훨씬 높지, 이 중 어떤 하나에 배타적으로 의존하지는 않는다.

어쨌든 지속 가능한 포스트 자본주의 민주적 경제에서 경제 제도의 설계는 실험과 민주적 숙의를 통해 발전하게 된다. 민주적-평등주의적 경제에서 '지속 가능성'이란, 문제가 되는 제도적 지형을 폭넓은 다수의 경제 참여자들이 지속적으로 지지하게 된다는 의미다. 현실이 작동하는 방식이 마음에 들지 않으면 게임 규칙을 바꿀 권한이 있기 때문이다. 민주적 경제에서 실현되기를 바라는 여러 다른 가치들을 가로질러 필연적으로 상쇄 관계가 존재하게 된다. 특정한 한 무리의 제도적 게임 규칙들이 이런 상쇄 관계를 헤치고 나아가는 길이다. 안정된 체제란 그 체제가 작동하면서 지속적으로 낳는 장기적 결과가 그 규칙을 향한 사람들의 헌신을 강화하는 체제다.

나는 상이한 형태의 경제 조직화를 구성하는 제도적 지형 중에서 무엇이 가장 잘 작동할지, 또는 실제로 가능한 지형들 사이에서 이 상쇄 관계들이 어떻게 될지는 알지 못한다. 그렇지만 안정된 제도적 지형이 이질적인 한 무리의 제도 형태들을 포함하게 된다고 예상할 수는 있다.

따라서 아래에서는 종합적인 청사진에 가까운 어떤 시도를 하기보다는 민주사회주의의 핵심적인 구성 요소들의 부분적 목록을 제시하려 한다. 이 요소들 중에서 다수는 발전 정도가 다양하기는 해도 자본주의 경제 안에 이미 존재하며, 따라서 내재적인 대안들을 구성한다. 다른 요소들은 최소한 부분적인 형태로 자본주의 안에서 실행할 수는 있지만 아직 실행된 적은 없는 새로운 제도적 장치를 위한 제안이다. 또한 나머지 요소들은 자본주의가 여전히 지배하는 한 아마 실행될 수 없을 듯하다. 이 요소들이 모두 합쳐져서 자본주의를 넘어서는 민주사회주의의 몇몇 기본적인 구성 요소를 형성한다.

조건 없는 기본 소득

조건 없는 기본 소득unconditional basic income·UBI은 소득 분배 구조의 근본적인 재설계를 구성한다. 이 개념은 무척 단순하다. 어떤 영토에 사는 합법적 거주자는 모두 어떤 노동 요건이나 그 밖의 조건 없이 빈곤선 이상의 생활을 누리는 데 충분한 소득을 받는다. 조건 없는 기본 소득에 필요한 재원을 마련하기 위해 세금을 인상하기 때문에 모든 사람이 기본 소득을 받는다고 해도 일정한 수준 이상의 소득자는 순純 기여자가 된다(말하자면 이 소득자들이 내는 세금 인상분은 그 사람들이 받는 조건 없는 기본 소득보다 크다). 공적 소득 지원 프로그램은 특별한 필요(곧 추가 소득이 필요한 장애)에 연결된 경우를 제외하면 폐지된다. 최저임금법 또한 불필요해진다. 일단 어떤 사람의 기본적 필요가 낮은 임금에 의존하지 않게 되면 자발적으로 저임금 계약을 맺는 행위를 금지할 이유가 사라지게 되기 때문이다. 아동을 위한 조건 없는 기본 소득은 성인의 사례에 비교해 적절한 수준에서 조정된다.

조건 없는 기본 소득 옹호론은 대부분 기본 소득을 통해 어떻게 빈곤을 없애고, 불평등을 줄이며, 사회 정의를 향상시킬 수 있는지를 둘러싸고 전개된다. 물론 중요한 쟁점들이 있다. 만약 지급액이 상당히 넉넉하다면, 조건 없는 기본 소득은 모든 사람이 행복한 삶을 누리는 데 필요한 물질적 조건에 동등하게 접근할 수 있게 한다는 평등주의의 이상을 향해 나아가는 중대한 진일보가 된다. 그렇지만 현재 상황에서 조건 없는 기본 소득은 또 다른 중요한 결과를 낳는다. 조건 없는 기본 소득이 존재하는 세상이 되면, 사람들이 새로운 형태의 경제적 관계와 사회적 관계를 건설하려는 기획에 참여하기가 한층 더 쉬워진다. 자본주의의 전형적인 특징은 대부분의 성인이 생활필수품을 획득하기 위해 유급 고용에 참여해야 한다는 점이다. 복지국가에서 자산 조사에 근거해 시행하는 소득 이전 프로그램 덕분에 이런 필요성이 조금 완화되기는 했지만, 그렇더라도 대부분의 사람이 자본주의 노동 시장을 거부하기란 쉽지 않다. 조건 없는 기본 소득은 이런 거부를 한결 하기 쉽게 만들어서 사람들에게 폭넓은 새로운 가능성을 열어준다.

이를테면 조건 없는 기본 소득을 갖춘 경제 체제에서는 시장 지향적 노동자 협동조합의 생명력이 한층 더 커지게 된다. 협동조합 기업이 창출하는 소득에 의존하지 않고서도 노동자-소유자의 기본적 필요를 충족시키기가 쉽기 때문이다. 또한 은행이 노동자 협동조합의 신용 위험도를 더 좋게 평가해서 협동조합이 대출을 받기가 쉬워진다.

조건 없는 기본 소득이 시행되면 예술 쪽으로 자원이 대대적으로 이동해 사람들이 시장에서 창출되는 소득보다 창의적 활동을 중심으로 삼는 삶을 선택할 수 있다. 그리고 지원금과 선별 보조금을 통해 진행되는 전통적인 국가 지원에 따르는 과중한 행정적 통제와 우선순위 설정이나 엘리트 예술 재단이 가진 편견에서 자유로워지게 된다. 조건 없는 기본 소득은 또한 정부에서 선별하는 농업 보조금이 없이도 소농민에게 생활 지원을 제공할 수 있다. 농업 보조금은 대개 가족농보다는 기업농에 유리하다. 그리하여 조건 없는 기본 소득 덕분에 시인과 농민은 잠재적 동맹을 형성하고, 취약성이 아니라 안정성의 기반 위에서 시장 활동과 비시장 활동에 참여할 수 있다.

조건 없는 기본 소득이 시행되면 새로운 형태의 돌봄 협동조합을 포함하는 사회/연대 경제가 활기를 얻게 된다. 조건 없는 기본 소득은 또한 시장 바깥에서 가족 성원들에게 돌봄 노동을 제공하는 사람들을 지원하는 길이 된다. 고령화에 따른 인구학적 압력을 감안할 때, 조건 없는 기본 소득은 노약자

돌봄 문제에 관련해서 평등하고, 공동체에 기반하며, 필요에
부응하는 해법의 한 요소로 간주될 수 있다.

따라서 조건 없는 기본 소득은 단지 자본주의가 낳는 몇몇
폐해를 줄이는 방편이 아니라 민주사회주의 경제의 핵심적인
구성 요소 중 하나로 간주될 수 있다.

협동적 시장 경제

어떤 생명력 있는 복잡한 경제에서도 시장이 필수적인 특
징이겠지만, 자본주의 규칙에 따라 작동하는 자본주의 기업이
시장을 지배할 필요는 없다. 협동적 시장 경제는 민주적 절차
의 범위를 확대하는 시장 지향적 경제 활동을 조직하기 위한
하나의 대안적 길이다. '협동조합' 개념에는 아주 이질적인 경
제 조직들이 포함된다. 소비자들이 소유하고 소비자-조합원
들이 이사회를 선출해 간접적으로 운영하는 소비자 협동조합,
형식상 조합원들이 운영하는 신용 협동조합, 특히 식품 가공,
유통, 판매 등 다양한 목적을 위해 한데 뭉친 개인 소유 기업
들을 조합원으로 하는 생산자 협동조합, 공동 생활 주택이나
공동 주택,* 그 밖의 여러 형태를 포함하는 주택 협동조합, 선
출된 이해관계자 이사회가 운영하는 연대 협동조합, 노동자가

---

* 공동 생활 주택(communal housing)과 공동 주택(co-housing)은 개별 공간과 공유 공간
의 비중, 공동체성의 정도 등에 따라 구분된다 — 옮긴이.

소유하고 1인 1표 원칙에 따라 민주적으로 운영하는 노동자 협동조합 등이 있다. 이 모든 협동조합이 협동적 시장 경제를 건설하는 데 기여한다. 민주사회주의에서는 이런 폭넓은 협동적 경제 조직의 활력을 촉진하도록 게임 규칙이 설계된다.

협동조합은 두 가지 이유에서 경제민주주의를 향상시킨다. 첫째, 협동조합 자체는 정도가 다양하고 방식도 제각각이지만 민주적 원리에 따라 운영된다. 따라서 협동조합은 더욱 민주적인 경제를 구성하는 요소가 된다. 둘째, 협동조합은 지리적으로 뿌리를 두기 때문에 협동조합에 투자된 자본도 이동성이 한결 적은 만큼 국가 규제를 피하기 위해 국경을 넘어 움직일 가능성이 적다. 시장 지향적 기업이 모두 그렇듯이 협동조합도 이윤에 영향을 주는 몇몇 규제에 반대할 수 있지만, 국가 관할권을 벗어나겠다고 위협하면서 그런 규제를 봉쇄할 가능성은 덜하다. 따라서 협동조합은 국가를 통해 정식화되는 민주적 우선 과제에 한결 쉽게 종속된다.

전체적으로 보면 이런 협동적 경제 조직들은 이미 시장 경제에서도 상당한 요소로 자리하고 있다. 2014년 유엔이 낸 보고서 〈협동 경제의 규모와 범위 측정Measuring the Size and Scope of the Cooperative Economy〉은 유럽과 북아메리카는 전체 인구의 3분의 1 이상이 일정한 종류의 협동조합에 조합원으로 가입해 있다고 지적한다. 협동조합은 유럽에서는 국내총생산의 7퍼센트 이상을, 북아메리카에서는 4퍼센트를 창출했다. 그렇지만 이 협동조합들은 대개 신용조합, 소비자 협동조합, 생산자 협동조합이며, 그중 다수는 평범한 자본주의적 기업하고 비슷하게 작동한다. 자본주의적 조직과 가장 극명하게 대조되는 대안을 나타내는 협동조합 형태인 노동자 협동조합은 대개 규모가 작고 자본주의 경제에서 제한된 구실만 수행할 뿐이다.

노동자 협동조합은 특히 경제민주주의의 가능성에서 두드러진 구실을 한다. 노동자 협동조합에서는 노동자들이 기업을 소유하고 생산이 민주적 절차를 통해 관리되기 때문이다. 노동자 협동조합도 시장을 위해 생산하기는 하지만 자본주의 기업하고는 아주 다른 가치를 중심으로 조직된다. 연대, 평등, 민주적 지배 구조, 노동 존엄성, 지역 사회 발전 등이 그런 가치다. 자본주의 경제에서는 노동자 협동조합이 거의 예외 없이 경제의 주변부에 자리한 고립된 소규모 기업에 머무르는 경향이 있다. 반면 민주사회주의 경제에서는 노동자 협동조합이 잠재적으로 상당히 탄탄한 부문을 구성하게 되며, 어쩌면 심지어 많은 재화와 서비스의 시장 생산에 관여하는 지배적 형태의 조직이 될 수도 있다.

21세기에 노동자 협동조합의 전망이 좋아진다고 믿을 만한 이유가 있다. 특히 정보기술 혁명에 연결된 기술 변화 덕분에 경제의 많은 부문에서 규모의 경제가 축소되면서 대규모 생산의 비교 우위가 감소되고 있다. 그리하여 노동자가 소유하고 민주적으로 관리되는 기업들의 생명력이 더 커질 가능성이 크다. 고전적 마르크스주의의 용어를 쓰자면, 변화하는 생산력이 새로운 생산관계의 가능성을 확장한다.

그렇기는 하지만, 자본주의 경제 안의 게임 규칙이 상당히 변화하지 않는다면 이런 잠재력이 실현될 가능성은 낮다. 노동자 협동조합에 더 많은 공간을 열어줄 규칙의 변화 중 몇 가지는 다음 같다.

- **조건 없는 기본 소득**. 앞에서 말한 대로 조건 없는 기본 소득은 노동자–소유자들이 협동조합 기업에서 창출되는 시장 소득에 의존하는 정도를 낮춰서 협동조합 구성에 따르는 리스크를 줄인다.
- **자본주의 기업, 특히 소규모 가족 소유 기업을 노동자 협동조합으로 전환하는 흐름을 촉진할 공적 프로그램**. 미국을 비롯한 여러 나라에는 자본주의적 기업이 직원들에게 주식을 분배하는 흐름을 촉진하기 위한 프로그램이 이미 있다. 이런 직원 주식 소유 프로그램Employee Stock Ownership Programs·ESOPs은 여전히 1주 1표를 기준으로 권한을 부여하지만, 자본주의 기업과 완전한 노동자 소유가 실현된 민주적 관리 기업을 잇는 다리가 될 수 있다.
- **협동조합을 지원하기 위한 전문화된 공적 신용 기관**. 협동조합은 평등과 민주주의, 연대의 가치를 실현하는 목표를 지향하는 경제에서 결정적으로 중요한 요소이기 때문

에 협동조합이 발전하는 방향으로 자원을 돌리도록 설계된 공적 기관을 설립하는 조치는 정당하다. 조건 없는 기본 소득 덕분에 노동자 협동조합이 일반 민간 은행에서 대출을 더 쉽게 받을 수 있기는 하지만, 순전히 시장 지향적인 금융으로 충족되지 않고 협동조합이 발전하는 데 필요한 자본 수요가 여전히 있다. 따라서 시장 금리 이하로 협동조합에 대출을 해주는 임무를 부여받은 공적 신용 기관을 새롭게 만들어야 한다.

• **공공이 지원하는 협동조합 발전 계획.** 도시 지자체는 협동조합의 발전을 장려하는 데 중요한 구실을 할 수 있다. 협동조합을 가로막는 주요한 장벽의 하나는 특히 고도로 도시화된 지역에서 임대료가 낮은 공간에 접근할 가능성이 떨어진다는 점이다. 도시는 장기 지역 사회 발전 계획의 하나로 협동조합 전용 공간을 조성할 만한 위치에 있다. 어떤 모델을 보면 도시가 토지와 건물을 소유하고 협동조합에 공간을 임대한다. 또 다른 모델은 지역 사회 신탁 재단이 공간을 감독하고 협동조합을 비롯한 이해관계자들이 뽑은 이사회가 운영한다.

• **협동조합 조직과 경영을 위해 공공 자금을 투입하는 훈련 프로그램.** 노동자 협동조합을 운영하는 일은 간단하지 않으며, 특히 협동조합이 일단 아주 작은 규모를 넘어서서 커지면 경영 업무가 복잡해진다. 자본주의 기업은 기업 운

영에 필요한 기술을 제공하는 경영 대학원과 경영 훈련 프로그램으로 구성된 환경 속에서 작동한다. 활력 있는 협동조합 시장 경제에서는 민주적 기업을 효과적으로 운영하는 데 필요한 조직 기술을 개발해서 보급하는 교육 프로그램이 필요하다.

자본주의의 게임 규칙에서 이런 변화가 일어나면 노동자 협동조합은 협동적 시장 경제를 구성하는 탄탄한 한 부분이 될 수 있다.

사회/연대 경제

사회/연대 경제는 공동체에 뿌리를 두고, 평등과 연대의 가치를 구현하며, 모종의 필요 지향적 임무나 사회 정의 관련 임무에 헌신하는 폭넓은 경제 활동과 조직을 아우르는 포괄적 용어다. 사회/연대 경제에 속한 조직들은 협동조합인 사례가 많지만, 다른 종류의 기업일 수도 있다. 비영리 단체, 공제 조합, 자발적 결사체, 지역 사회 조직, 사회적 기업(확고한 사회적 과제를 추구하는 영리 기업), 심지어 교회일지도 모른다. 몇몇 지역에서는 사회/연대 경제가 공식적으로 인정받고 공적으로 규제되는 경제 활동에 포함되지 않는 경제 활동인 이른바 '비공식 경제'에 겹친다. 그렇지만 사회/연대 경제는 또한 상임 직원을 갖춘 내구력 지닌 조직을 포함할 수도 있다.

사회/연대 경제는 보통 가난하고 서비스가 부족한 지역 사회를 배경으로 사회 서비스 공급의 간극을 메우기 위한 생존 전략으로 등장한다. 2000년의 아르헨티나나 2009년의 그리스처럼 심각한 경제 위기가 발생하면, 온갖 종류의 사회/연대 경제 활동이 빠르게 늘어난다. 타임뱅킹time banking*과 지역 통화, 공동체 식당, 디아이와이 공구 대여소, 공동체 텃밭, 돌봄 교환소, 무료 진료소 등 아주 많다. 그렇지만 사회/연대 경제는 단순히 주변화와 불안정성에 맞선 대응이 아니라 더욱 공동체주의적이고 필요 지향적인 토대 위에 경제 관계를 건설하려 노력하는 사람들이 조성한다. 이를테면 캐나다 퀘벡 주에는 어린이집, 노인과 장애인 돌봄 서비스, 자원 재활용, 공연 예술, 저렴한 주택 단지, 공작소, 다양한 협동조합 등을 아우르는 활력 있는 사회/연대 경제가 존재한다. 사회/연대 경제에 참여하는 활동가들은 보통 자기 활동에 관련해 사람들이 아주 다른 종류의 삶을 살 수 있게 해주는 해방구를 자본주의 내부에 건설하는 일이라고 본다.

민주사회주의 경제에서는 사회/연대 경제를 위한 공간이 거의 확실히 확대된다. 조건 없는 기본 소득은 시장 지향적 협동조합의 밑바탕이 될 뿐 아니라 사람들이 비시장적 사회/연

---

* 일정한 시간의 노동을 신용 화폐로 환산해서 금융 상품처럼 교환하는 제도 — 옮긴이.

대 경제 활동을 선택하기 쉽게 만들어준다. 그런 활동으로 생계를 꾸려야 할 필요성이 크게 줄어들기 때문이다. 게다가 사회/연대 경제는 일정한 종류의 서비스를 제공하는 최적의 방식이 될 수 있다. 육아, 노인 돌봄, 장애인 돌봄 서비스 등이 좋은 예다. 원칙적으로 이런 서비스는 네 가지 상이한 과정을 거쳐 제공될 수 있다. 국가, 이윤을 추구하는 시장 기반 기업, 가족, 또는 사회/연대 경제에 속하는 다양한 종류의 조직들이 직접 서비스를 공급할 수 있다. 민주사회주의 경제에서는 이 네 가지 선택지가 모두 가능하지만, 공공 예산으로 보증되는 사회적 경제의 돌봄 서비스 형태가 특히 활력을 얻을 가능성이 높다. 공공 예산은 이런 서비스를 모든 사람이 이용할 수 있게 만든다는 평등주의적 가치를 구현하는 수단이다. 또한 사회/연대 경제의 서비스 제공 형태는 공동체와 민주적 참여라는 가치를 향상시킨다.

자본주의 기업의 민주화

자본주의 잠식하기 개념은 단순히 시장에서 자본주의적 투자와 기업의 지배를 허물어트리는 문제가 아니라 자본주의 기업 자체의 자본주의적 성격을 잠식하는 시도이기도 하다. 무슨 의미일까? 기업의 자본주의적 성격을 잠식한다는 말은 '생산수단 소유'에 수반되는 일련의 권리를 제한한다는 의미다. 생산수단 소유권은 실제로 복잡한 한 묶음의 권리이며, 자본주의 사회에서 시간이 흐름에 따라 국가는 이 권리에 상당한 제한을 부과했다. 이를테면 최저임금법에 따라 아무나 받고 일할 만큼 적은 임금을 지불하는 고용주의 권리가 제한된다. 또한 일터를 규제하는 보건 안전 법규에 따라 위험한 방식으로 생산 과정을 조직할 권리가 제한된다. 오염과 제품 안전 관련 법에 따라 기업의 이윤을 극대화하는 최적의 전략이더라도 다른 사람에게 비용을 부과하는 권리가 제한된다. 또한 고용안정법 때문에 고용주가 마음 내키는 대로 아무 때나 노동자를 해고하는 행위가 제한된다. 민주사회주의 경제에서는 평등과 민주주의와 연대의 가치를 향상시키기 위해 자본주의 기업의 사유 재산권에 관한 이런 제한이 더욱 확대되고 심화된다. 개인이 기업에 자본을 투자하고 투자 수익을 돌려받을 수 있는 한 자본주의 기업은 여전히 존재할 테지만, 사적 투자에 따라 기업에 부여되는 권리는 자본주의 경제에 견줘 한층 더 민주적으로 제한된다.

자본주의적 소유권의 한 차원은 경제민주주의 개념에 특히 예리한 도전을 제기한다. 일반 노동자가 의사 결정에서 어떤 체계적 구실도 하지 못하는 권위주의적 일터로 기업을 조직할 고용주의 권리 말이다. 자본주의 경제에서 대부분의 사람들은 고용주가 한 명의 사람이든 한 기업의 최고 경영진이든 간에 권력이 고용주의 수중에 집중되는 현실을 당연하게 생각한다. 만약 당신이 어떤 사기업에 고용돼 있다면, 물론 고용주는 법률에 위배되지 않는 한에서 당신에게 어떤 일을 하라고 말할 권리를 갖는다. 당신은 고용주의 지시가 마음에 들지 않으면 언제나 그만둘 수 있다. 그렇지만 민주사회주의 경제에서는 민주주의의 기본권이 일터까지 확대된다. 몇몇 자본주의 경제에서는 이런 확대가 제한된 방식이지만 이미 실현되고 있다. 이를테면 독일에서는 공동결정법에 따라 2000명 이상을 고용하는 기업은 노동자들이 이사회의 절반에 가까운 수를 선출하고, 500명에서 2000명을 고용하는 기업은 3분의 1을 선출한다. 많은 나라에서 일정한 규모가 넘는 기업에서는 노동자 협의회를 선출하게 하는 법규를 두고 있다. 이런 제도를 통해 노동자들에게 일터의 노동 조건과 갈등에 관여하는 일정한 권한을 부여한다.

민주사회주의 경제에서는 자본주의 기업 안에서 노동자가 가진 민주적 권한이 더욱 확대되고 심화된다. 이사벨 페레라스Isabelle Ferreras는 《정치체 기업Firms as Political Entities》(2017)에서 이 목표를 달성하는 한 가지 방법을 제안한다. 일정한 규모가 넘는 자본주의 기업은 모두 양원제식 이사회가 관리하는 방안이다. 한 이사회는 전통적인 방식으로 주주가 선출하고, 다른 하나는 노동자들이 1인 1표제로 선출한다. 페레라스는 기업은 국가하고 무척 비슷한 정치체라고 주장한다. 어쨌든 가장 규모가 큰 글로벌 기업들은 대부분의 나라보다 훨씬 더 많은 소득을 거둔다. 각국에서 대의민주주의가 발전하는 동안 양원제를 구성하는 한 의회는 (영국 상원같이) 자산 소유자들을 대표하고 다른 의회(하원)는 일반 국민을 대표하는 시기가 종종 있었다. 비슷한 방식으로 양원제 이사회는 현대 기업의 최고 경영진을 선택할 수 있으며, 기업이 수행하는 모든 중요한 정책 결정은 양원의 의결을 거쳐 통과돼야 한다. 이렇게 되면 기업 내부에서 경제 권력이 행사되는 범위가 상당히 제한되고 사회 권력이 하는 구실이 확대된다.

공익사업이 된 은행

협동조합에 관한 논의에서 전문화된 공공 부문 신용 기관이 필요하다고 이야기했지만, 좀더 일반적으로 볼 때 민주사회주의 경제에서 은행은 소유자들의 이윤을 극대화하는 사기업이라기보다는 주로 공익사업이 된다. 대부분의 사람은 은행을 사람들, 곧 예금자가 저축한 돈을 받아서 그 돈을 다른 사람들과 사업체에 대출 형태로 빌려주는 일을 전문으로 하는 사업체라고 생각한다. 이렇게 이해하면 은행은 저축한 돈에 주는 이자를 벌려 하는 사람들과 사업을 위해 대출을 받으려 하는 사람들을 이어주는 중개자가 된다. 그렇지만 이런 '대부 가능한 자금 모델'은 은행의 작동 방식하고 다르다. 전문적인 사항을 자세히 들여다보지 않더라도, 은행들은 예금으로 받는 돈보다 훨씬 많은 금액을 대출로 빌려준다. 실제로 은행은 신규 대출을 할 때 화폐를 창출한다. 어떻게 이렇게 할까? 은행이 진행한 대출에서 받는 이자보다 낮은 금리로 중앙은행에서 화폐를 빌리기 때문에 가능한 일이다. 그리고 여기에 속임수가 있다. 중앙은행은 그 화폐를 무에서 만들어낸다. 이 과정이 시장 경제에서 중요한 이유는 그 덕에 사람들이 개인적으로 충분한 자금을 저축하지 않은 상태에서도 생산적 사업을 시작할 수 있기 때문이다.

이런 화폐 창출 활동은 자본주의 경제에서 국가가 사적인 이윤 형성 은행들이 화폐를 창출하도록 승인하고 보증하기 때문에 가능해진다. 일종의 공적 기능이다. 법학자 로버트 호킷Robert Hockett이 말하는 대로 이 덕분에 민간 은행은 국가 독점 사업체가 된다. 자본주의에서 은행은 소유자들을 위해 이윤을 극대화하는 임무를 위임받는다. 반면 사회주의 경제에서는 은행이 공익사업으로 간주되며, 폭넓은 사회적 우선 과제들이 은행의 임무에 포함된다. 구체적으로 보면, 은행은 각기 다른 종류의 기업과 사업에 주어진 대출의 긍정적인 사회적 외부 효과를 검토하는 권한을 부여받는다.

민주사회주의 경제에서 사적으로 소유되고 이윤을 추구하는 은행이 공공 은행하고 나란히 존재할까? 폭넓은 시장의 생태계하고 마찬가지로 금융의 경제 생태계에는 자본주의적 은행들도 포함될까? 민주주의 경제를 구성하는 경제적 형태의 자세한 지형에 관한 모든 질문이 그러하듯, 이 질문도 실용적인 실험과 민주적인 숙의를 통해 해결될 쟁점이다. 사회주의 경제에서도 자본주의적 금융에 적합한 틈새가 존재할 수 있지만, 이런 은행들이 야기하는 역동적 효과가 경제 권력의 민주적 종속이 지닌 내구성을 훼손하지 않아야 한다.

비시장 경제 조직

생명력 있는 모든 민주사회주의에서는 시장이 상당히 큰 구실을 할 테지만, 민주주의에 종속되는 경제가 배타적으로, 또는 주로 시장을 위해 생산하는 기업만으로 구성돼야 할 필요는 없다. 경제 활동의 시장적 형태와 비시장적 형태가 궁극적으로 정확히 어떻게 균형을 맞출지는 시간이 흐르면서 발전하고 민주적 숙의에 따라 정해진다. 그렇지만 한 가지는 사실상 확실하다. 효과적으로 민주화된 경제에서는 다양한 형태의 비시장 지향적 경제 활동이 현대 자본주의에 견줘 한층 더 중요한 구실을 하게 된다.

재화와 서비스의 국가 공급

사회주의 개념에 연결된 재화와 서비스의 비시장 공급 중에서 가장 익숙한 형태는 직접적인 국가 공급이다. 그렇지만 그렇다고 해서 이런 공급 형태가 중앙 집중화된 하향식 관료제를 통해 진행될 필요는 없다. 특정한 재화와 서비스를 공급

하는 국가의 책임은 국가가 이런 생산을 직접 조직하는 형태
나 폭넓은 비국가적 조직 형태의 예산을 지원하고 감독하는
형태가 둘 다 가능하다. 이렇게 볼 때 국가-사회적 경제 파트
너십에 지역 공동체와 조직이 능동적으로 참여하는 한편 국가
가 자금을 대는 고도로 탈집중적인 서비스 방식을 가능하게
하는 공간이 열린다.

물론 어떤 서비스가 시장을 통하거나 국가가 직접 생산할
때 가장 좋고, 어떤 서비스가 다양한 종류의 비국가 조직에 국
가 자금을 지원하는 방식으로 조직하는 방식이 가장 좋은지
정확히 파악하는 문제는 단순한 사안이 아니다. 민주사회주
의 경제에서 민주적 숙의와 실험 과정을 거쳐 결정할 사안의
하나다. 그렇지만 직접적이고 간접적인 국가 공급에는 확실히
다음 같은 사항이 대부분 포함된다. 첫째, 보건 의료, 육아, 노
인 돌봄, 장애인 돌봄, 둘째, 지역 사회 행사와 절차, 곧 지역
문화 센터, 공원과 오락 시설, 극장, 미술관, 박물관, 셋째, 성
인 교육, 평생 교육 센터, 기술 재교육 프로그램 등을 포함한
모든 수준의 교육, 넷째, 전통적인 운송 기반 시설, 폭넓은 공
익사업 등 말이다. 이 기능들을 모두 합하면 기술적으로 발전
한 자본주의 경제에서 벌어지는 전체 경제 활동의 50퍼센트를
훌쩍 넘어설 듯하다.

이런 종류의 서비스를 국가가 공급하는 방식은 자본주의
경제 체제에 포함된 국가사회주의적 구성 요소의 하나다. 신

자유주의 시대에 이런 국가 공급의 상당 부분이 부분적이거나 전체적으로 민영화되고 있다. 국가가 자본주의 기업에 서비스 공급을 하청 주는 방식이 가장 흔하다. 미국에서는 교정 서비스를 판매하는 영리 추구 민간 교도소가 설립되고, 무장 보안 서비스를 국가에 판매하는 군사 용역업체가 생겨나고 있다. 몇몇 사례에서는 고속도로를 민간 기업에 판매하거나 임대한다. 대표적인 사민주의 국가인 스웨덴에서는 영리를 추구하는 자본주의 기업이 공적 자금을 투입한 학교의 운영권을 하청받는 사례가 상당히 많다. 많은 나라에서 철도가 민영화됐고, 정수 처리와 상수도 공급 서비스도 민영화되고 있다.

물론 일부 서비스는 국가와 시장 모두 효과적으로 공급할 수 있으며, 따라서 문제는 두 방식을 어떻게 혼합할지가 된다. 도서 접근성을 생각해보자. 서점과 도서관은 둘 다 쉽게 책을 공급한다. 상업 서점은 지불 능력에 따라 사람들에게 책을 보급하는 반면, 도서관은 '각자에게 필요에 따라'라는 원칙에 근거해 책을 보급한다. 도서관에서 만약 어떤 책이 이미 대출 중이라면 그 책을 보고 싶은 사람은 대기자 명단에 올라간다. 책은 모든 사람의 삶에서 하루는 똑같이 소중하다는 아주 평등주의적인 원리에 따라 배급된다. 자원이 충분한 도서관이라면 대기자 명단이 길 때는 어떤 책을 더 많이 주문할 필요가 있다는 신호라고 판단한다. 또한 도서관은 종종 다른 중요한 자원을 보급하기도 한다. 음악, 비디오, 컴퓨터 사용, 공구, 장난

감, 모임 장소, 그리고 어떤 도서관에서는 공연장도 빌려준다. 따라서 도서관은 모든 사람에게 행복한 삶을 누리는 데 필요한 자원에 다가갈 동등한 접근권을 준다는 평등주의의 이상을 구현하는 분배 방식이 된다. 민주사회주의 경제에서는 사람들에게 많은 자원에 다가갈 접근권을 부여하는, 도서관 같은 비시장적 방식이 확대된다.

자본주의 기업들이 서비스를 생산할 때 서비스 판매 가격은 시장을 거쳐 결정된다. 반면 이런 서비스를 국가가 제공할 때 소비자에게 공급되는 가격은 정치적으로 결정된다. 몇몇 서비스는 직접 그 서비스를 사용하는 사람들에게 무상으로 공급해야 한다는 점은 논쟁의 여지가 없다. 공교육이 대표 사례. 그렇지만 많은 형태의 국가 공급에 관해서는 분명하게 판단하기가 어렵다. 공원이나 동물원, 박물관은 입장료를 무료로 해야 할까? 도서관은 어떨까? 고속도로에 통행료를 매겨야 할까? 환경을 고려할 때 특히 두드러진 사례는 대중교통이다. 자본주의 사회에서는 대부분의 도시에서 국가가 직접 대중교통을 공급할 때도 승객은 차표를 사야 한다. 민주사회주의 경제에서는 대부분의 대중교통이 거의 확실히 무상으로 공급된다. 이유는 단순하다. 많은 사람이 질 좋은 대중교통을 이용하면 특히 환경에 관련해 사회 전체에 긍정적인 이익이 상당히 크기 때문이다. 이런 긍정적인 이익은 경제학자들이 말하는 '긍정적 외부 효과positive externality'다. 긍정적 외부 효과는 사회를 위한 실질적 가치를 구성하며, 만약 이런 가치를 개별 승차권 가격의 요인으로 환산하면 최적의 가격은 거의 확실히 0으로 수렴된다. 이런 긍정적 외부 효과 때문에 민주사회주의 경제에서는 공공 예산을 투입하는 많은 서비스를 사람들이 사용료 없이 이용하게 된다.

피투피 방식 협력 생산

국가 공급만이 비시장 생산의 유일하게 중요한 형태는 결코 아니다. 인터넷 시대에 특히 인상적인 비시장 경제 활동 형태는 피투피 방식의 협력 생산(피투피 생산)이다. 위키피디아가 가장 익숙한 사례인데, 여기에는 세계 곳곳에서 수십만 명이 각자 일정한 시간을 할애해 항목에 새로운 자료를 추가하고, 기입 내용을 모니터하고, 오류를 바로잡고, 이의를 제기한다. 누구든지 다른 사람이 작성한 내용을 수정할 수 있다. 기고자 중 어느 누구도 돈을 받지 않는다. 2018년 현재 위키피디아 영문판에는 500만 건이 넘는 항목이 있으며, 다른 13개 언어판은 그 수가 100만 건이 넘는다. 게다가 위키피디아는 전세계 누구든지 인터넷에 접속하기만 하면 무료로 볼 수 있다. 인터넷에 접속할 수 있는 컴퓨터를 공급하는 과정에서 공공 도서관이 하는 구실이 점점 커진다는 점을 감안하면, 경제적으로 발전한 모든 나라뿐 아니라 저발전 국가들에서도 사실상 전체 국민이 이 자원에 무제한으로 무상 접근할 수 있다. 2001

년에 출범한 위키피디아는 200년이 넘게 이어진 자본주의적 백과사전 시장을 사실상 허물어트렸다.

위키피디아는 자본주의 세계에 존재하지만 사람들에게 상당히 가치 있는 어떤 요소를 생산하고 보급하는, 근본적으로 반자본주의적인 방식을 대표한다. 피투피 협력 생산은 단순히 **비**자본주의적인 가치가 아니라 자본주의에 근본적으로 대립하는 가치, 특히 평등과 공동체의 가치에 바탕을 둔다. 확실히 현존하는 자본주의 경제에서 피투피 협력 생산은 자본주의 생산하고 나란히 하나의 틈새를 차지하며, 종종 자본주의 기업들을 상대로 순조롭게 상호 작용한다. 이를테면 컴퓨터 운영 체제인 리눅스는 피투피 협력 과정을 통해 만들어져 지금도 지속적으로 개선되고 있지만, 구글을 비롯한 하이테크 자본주의 기업들이 사용한다. 이 기업들은 리눅스를 충분히 소중한 자원으로 여기기 때문에 자기 회사의 몇몇 소프트웨어 기술자들에게 돈을 지불해가면서 이 자원을 피투피 방식으로 생산하는 데 기여하게 한다. 그 결과로 만들어지는 소프트웨어의 특허를 가질 수 없는데도 말이다. (리눅스는 사유 재산으로 전환되는 사태를 막기 위해 고안된 '오픈소스' 라이선스 명목으로 특허를 받았다.) 따라서 피투피 협력 생산은 공공 도서관처럼 자본주의적 생산관계의 평등주의적 대안을 나타내는 동시에 자본주의를 위해 기능할 수 있다.

민주사회주의 경제에서는 피투피 협력 생산이 폭넓은 경

제 활동을 촉진하는 데 상당한 구실을 할 수 있다. 다음 사례를 생각해보자. 21세기에는 제조업의 많은 부분이 점차 3디 프린터나 자동화 공작 기계 같은 도구를 사용하는 컴퓨터 기반 자동화 생산 형태를 중심으로 진행된다. 많은 경우에 이런 기계들 덕분에 규모의 경제가 상당히 축소되기 때문에 협동조합으로 조직된 소규모 생산자들이 주문 제작 방식으로 제품을 만들 수 있다. 이렇게 탈중심화된 정보기술 기반 소규모 생산에서 핵심적인 문제는 사람들이 만들려고 하는 제품의 설계 코드와 자본 설비에 어떻게 접근하는지다. 이런 설계 코드를 만들어 배포하는 한 가지 방법은 피투피 네트워크를 활용해서 세계 어디서든 접속해 무상으로 다운로드할 수 있는 설계도를 모아놓은 대규모 라이브러리를 구축하는 방식이다. 이런 설계도는 어느 누구의 사유 재산이 아니라 무상으로 공유할 수 있으며, 필요한 생산수단을 이용할 수 있는 누구든지 사용이 가능하다. 수치 제어식 기계나 3디 프린터 등 생산수단 자체의 재산권은 다양한 방식으로 조직될 수 있다. 개별 협동조합이나 협동조합과 중소기업의 컨소시엄이 소유할 수도 있고, 지자체를 비롯한 공공 기관이 소유해서 협동조합에 임대할 수도 있다. 그리하여 설계도 라이브러리의 피투피 협력 생산을 통해 정교한 제품 설계도를 만드는 문제가 해결된다. 또한 다양한 형태의 공적 소유와 협동 소유를 통해 이런 설계를 사용하는 생산수단 접근성 문제가 해결된다.

지식 공유재

현대 자본주의 생산의 토대 중의 하나는 지적 재산권, 특히 특허다. 일반적으로 특허는 혁신에 필요한 유인을 제공하기 때문에 혁신의 속도에 긍정적인 효과를 미친다는 이유에서 옹호된다. 혁신에는 위험이 따른다. 연구 개발에 투입된 시간과 자원, 에너지가 실제로 성공적인 혁신으로 귀결된다는 보장이 전혀 없기 때문이다. 많은 잠재적 혁신가들은 자기가 이룩한 혁신을 다른 사람들이 이용하는 행위를 제한할 수 있다는 보장이 없으면 그런 위험을 무릅쓰려 하지 않는다. 이런 이유에서 특허를 부여한다는 약속은 혁신을 위한 유인으로 작용한다. 그렇지만 분명 특허는 또한 현존하는 혁신의 전파와 복제, 개선의 속도를 저하시켜서 혁신의 속도에 부정적인 영향을 미친다.

모든 요소를 감안할 때 지적 재산권이 혁신의 유인에 미치는 긍정적인 효과와 부정적인 효과를 정확히 비교하기란 불가능하다. 우리는 특허 덕분에 대기업들이 혁신에 다가갈 접근성을 제한해서 이윤을 크게 늘린다는 사실을 확실히 알 수 있을 뿐이다. 이런 현실은 제약 산업에 특히 기괴한 영향을 미치고 있다. 제약 산업에서는 특허 보호 조치를 시행한 덕에 대기업들이 중요 의약품 가격을 생산비를 훌쩍 넘는 수준으로 올릴 수 있었다. 그렇지만 값비싼 특허 때문에 어떤 기술에 다가갈 접근성이 봉쇄될 때마다 이런 '독점 지대monopoly rent'(경제학자들이 흔히 쓰는 표현이다)가 발생한다.

인도적 목적을 위해 누구나 지식을 쓸 수 있게 만드는 데 관심 있는 활동가들은 지난 수십 년 동안 사적인 지적 재산권을 대체할 대안을 숱하게 만들어냈다. 이런 대안들은 일반적으로 '오픈 액세스open-access' 라이선스라고 불리는데, 여기에는 카피레프트Copyleft, 페이턴트레프트Patentleft, 크리에이티브 커먼즈Creative Commons 라이선스, 바이오스Biological Open Source·BiOS 라이선스 등이 포함된다. 오픈소스 소프트웨어, 농업과 의학에 응용되는 과학적 발견, 문화 상품을 비롯한 여러 형태의 지식 등을 누구나 이용할 수 있게 하는 데 이런 라이선스들이 쓰이고 있다. 민주사회주의 경제에서는 사적인 지적 재산권과 제한된 특허에도 일정한 구실이 계속 주어질 테지만, 일반적으로 과학기술 지식과 정보는 지적 공유재의 일부로 간주된다.

지금까지 우리가 검토한 모든 항목이 상당한 수준으로 갖춰진다면, 우리는 이제 더는 자본주의 경제에서 사는 셈이 아니게 된다. 그렇지만 서로 다른 요소들을 정확히 어느 비율로 섞을지, 그리고 이 요소들을 어떻게 연결할지에 관해서는 아주 다른 여러 가지 답을 할 수 있다. 많은 서비스를 국가가 직접 공급하는 대신 사회/연대 경제 공급과 공적 자금 조달을 결합하는 민주사회주의 경제를 쉽게 상상할 수 있지만, 이런 방식이 경제 생태계에서 중요한 부분이 아닌 경제도 마찬가지로 쉽게 예상할 수 있다. 민주사회주의 경제는 재화와 서비스의 시장 생산과 다양한 형태의 비시장 생산의 상대적 범위, 또는 협동조합과 그 밖의 시장 지향적 기업 형태의 상대적 비중에 관련해 다양한 모습을 띨 수 있다. 조건 없는 기본 소득이 소득 재분배의 핵심 기제일 수 있지만, 또한 우리는 '모든 사람을 위한 좋은 일자리'가 노동 능력이 있는 모든 사람에게 생계를 보장하는 기본적인 방법이 되는 한편으로 노동 능력이 없는 사람들에게는 필요에 근거한 소득 이전 프로그램으로 생계를 제공하는 사회적 지형을 상상할 수 있다. 이 장에서 논의한 다양한 형태의 경제 조직은 따라서 구성 요소들을 나열한 목록의 하나일 뿐이다. 그것도 부분적인 목록 말이다. 자본주의 이후에 미래의 지속 가능한 민주사회주의 경제를 구성하는 요소들의 실제 지형은 장기에 걸친 민주적 실험 과정이 낳은 결과로 만들어지게 된다.

다시 전략 문제로

자본주의를 넘어선 종착지에 관한 이런 구상을 감안할 때, 우리가 직면하는 근본적인 전략적 문제는 이 지속적인 민주적 실험이 가능한 조건을 어떻게 창출할까 하는 점이다. 자본주의가 여전히 지배하는 한, 이런 실험은 크게 제약을 받는다. 그렇지만 3장에서 정교하게 다듬은 전략적 전망에 따라 우리는 위부터 시작해 자본주의 해체하기와 길들이기를, 그리고 아래에서 시작해 자본주의에서 벗어나기를 결합하는 과정을 거쳐 자본주의의 지배력을 잠식하는 방식으로 이런 조건을 점진적으로 창출할 수 있다.

자본주의적 관계가 경제 민주화 기획에 얼마나 제약을 가하는지를 감안하면, 자본주의의 지배는 그 지배를 지탱하는 권력 관계를 혁명적으로 파괴해야만 무너트릴 수 있다는 고전적인 혁명 개념에 매력을 느끼기가 쉽다. 이렇게 권력을 장악하면 뒤이어 민주적 실험을 통해 해방적 대안을 건설할 수 있는 장기적 기획이 시작되게 된다. 나는 이런 파괴적 단절 전망은 적어도 예측 가능한 미래에는 환상일 뿐이라고 주장했다. 체제를 파괴적으로 단절한 뒤에 민주적이고 평등하며 연대적인 경제를 건설하는 데 필요한 지속적인 민주적 실험을 시작할 수는 없기 때문이다. 분명 미래에 격렬한 위기 상황이 닥치면 체제의 파괴적 단절이 일어날 수도 있다. 그렇지만 이 단절을 통해 민주사회주의를 건설할 조건이 창출된다는 증거는 없다.

그런데 자본주의의 지배 잠식하기도 마찬가지로 실현 불가능할까? 자본주의 내부에 자본주의의 약탈에 저항하기 위한 공간이 존재한다고 주장할 수는 있다. 이런 저항은 언제나 벌어진다. 그리고 금간 공간과 틈새에서 해방적 가치를 구현하는 경제적 관계를 건설한다는 의미에서는 자본주의에서 벗어나기도 가능하다. 멀리 갈 것도 없이 협동조합이나 피투피 생산, 사회적 경제와 공공 도서관 등을 생각해보라. 이런 일들은 모두 자본주의가 지배할 때도 실행할 수 있는 '게임 안의 동작들'이다. 문제는 자본주의의 게임 규칙이 이런 동작을 할 수 있는 공간을 크게 제한한다는 현실이다. 특히 현존하는 규칙은 자본주의의 지배를 크게 잠식하는 방식으로 여러 대안이 성장하도록 내버려두지 않는다. 따라서 자본주의 잠식하기 전략에는 또한 자본주의 **해체하기**도 필요하다. 곧 해방적 대안을 만들 공간을 더 많이 열기 위한 해법으로 자본주의의 권력 관계를 구성하는 게임 규칙을 변경해야 한다. 역사적으로 보면 자본주의의 규칙은 때로 최악의 폐해를 어느 정도 중화하느라 변경됐다. 이런 과정이 자본주의 길들이기다. 자본주의 해체하기는 단순히 폐해를 중화하는 수준을 넘어서며, 자본주의의 핵심적 권력 관계에 영향을 주는 게임 규칙의 변경을 포함한다. 이런 과제는 한층 더 커다란 도전이다.

이런 도전이 지닌 성격을 이해하려면 국가에 관심을 돌려야 한다. 다음 장에서는 국가에 초점을 맞춰보자.

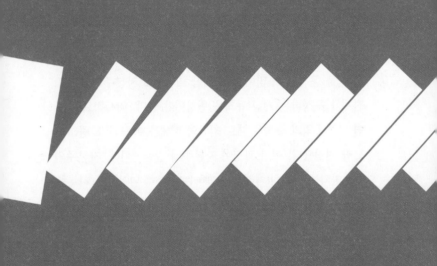

5장

반자본주의와
국가

평등과 민주와 연대가 넘치는 세계를 향한 해방적 열망을 공유하는 많은 사람들은 그러면서도 자본주의 잠식하기 전략에 매우 회의적이다. 이런 회의론의 중심에는 자본주의 사회에서 국가가 갖는 성격 때문에 이 전략이 불가능하다는 믿음이 자리잡고 있다. 자본주의 잠식하기 전략은 가능한 공간에서 해방적인 경제적 대안을 건설하려는 시민사회 내부의 기획을, 이런 공간을 다양한 방식으로 확대하기 위한 국가의 개입에 결합한다. 따라서 이 전략에는 단순히 위부터 시작해 지휘하는 방식이 아니라 해도 적어도 국가가 제공하는 어느 정도의 지원이 필요하다. 회의론자들은 당연히 이런 질문을 던진다. 만약 해방적 형태의 경제 활동과 관계가 계속 확대돼 자본주의의 지배를 위협하는 정도까지 이르게 된다면, 국가가 그런 움직임을 그냥 짓밟아버리지 않을까? 그리고 만약 반자본주의 정치 세력이 반자본주의 의제를 진전시키기 위해 국가 통제권을 민주적으로 확보한다면, 결국 친자본주의 세력이 민주주의 자체를 그냥 파괴해버리지 않을까? 1973년 칠레에서 민주적으로 선출된 살바도르 아옌데 정부가 사회주의 의제를 추구한 때 어떤 일이 벌어졌는지 생각해보라. 군사 쿠데타로 정부가 전복된 뒤 17년 동안 억압적 독재가 이어졌다. 그렇다면 국가의 계급적 성격과 강압적 권력을 감안할 때, 자본주의 잠식하기는 어떻게 자본주의를 넘어서기 위한 효과적인 전략이 될 수 있을까?

이 문제를 다루려면 국가 이론의 몇 가지 어려운 쟁점들을 놓고 씨름해야 한다.

자본주의 국가의 문제

핵심은 자본주의 사회에서 국가가 자본주의의 장기 지배를 보장하는 데 어느 정도나 응집력과 통합성이 있고 효과적인 기구인가 하는 문제다.

자본주의 비판자들의 이론적 논의에는 자본주의 사회의 국가를 자본주의를 재생산하기 위해 고안된 기구로 보는 오랜 전통이 있다. 서로 연결된 두 가지 논증이 이 주장에 활기를 불어넣는다. 첫째, 국가는 자본가 계급에 긴밀하게 연결된 유력한 엘리트들이 통제한다. 이 엘리트들은 대체로 자본가 계급의 이해관계에 봉사하고, 무엇보다도 자본주의에 맞선 어떤 심각한 도전도 봉쇄하기 위해 국가 권력을 휘두른다. 둘째, 국가 기구 자체의 제도적 설계가 자본주의를 재생산하는 데 기여한다. 여기서 중요한 점은 단순히 유력한 엘리트들이 자기들의 이해관계에 봉사하도록 국가를 이용한다는 현실(물론 이런 진술도 사실일 듯하다)이 아니라 국가의 내적 구조에 자본가 계급의 이해관계에 유리한 편향이 새겨져 있다는 사실이다. 따라서 이런 종류의 국가는 단순히 **자본주의 사회의 국가**

가 아니라 **자본주의 국가**라고 불린다. 이 두 논증은 서로 강화한다. 첫째 논증은 국가에서 의사 결정을 하는 사람들이 대체로 반자본주의 기획에 적대적인 이유를 설명한다. 둘째 논증은 진정으로 반자본주의적 목적을 추구하는 정치 행위자들이 권력의 지위에 들어갈 때에도 반자본주의 정책을 지속적으로 추구할 수 없는 이유를 설명한다. 두 논증을 결합하면 자본주의 국가는 자본주의의 지배를 잠식하는 전략을 지탱하기 위한 정치적 도구로 기능할 수 없다는 결론이 나온다.

여기 자본주의의 재생산에 기여하는 자본주의 국가의 특징으로 흔히 이야기되는 몇 가지 사례가 있다.

- 자본주의 국가는 자본주의 시장 경제에서 창출되는 소득에 세금을 매겨 세입을 확보한다. 따라서 국가는 활력 있고 건강하며 수익성 좋은 자본주의에 의존한다. 이윤이 없으면 투자도 없고, 사적 투자가 줄어들면 소득과 일자리가 감소하며, 소득과 일자리가 감소하면 세금이 줄어든다. 따라서 자본가의 이윤을 훼손하는 국가의 행동은 결국 국가 자체에 해를 끼친다. 좌파 정치 세력도 집권하면 '사업하기 좋은 환경'을 걱정해야 한다.
- 정치인과 관료제 공무원을 둘 다 포함하는 유력한 국가 관료를 발탁하는 방식은 체계적으로 일반 시민보다 엘리트에 유리하다. 그리하여 권력과 특권의 불평등을 유지하

는 데 유리한 강한 편향이 생겨난다. 정치 권력을 휘두르는 사람들의 특별한 이익 때문이기도 하고, 정치 엘리트들이 자기를 자본가 엘리트들하고 묶어주는 사회적 네트워크에 한 층위로 포함되기 때문이기도 하다. 자본주의에 반대하는 정당이 선거에서 승리하더라도 반자본주의에 적대적인 사람들로 가득찬 관료제 구조에 직면하게 마련이다.

• '법치'에 새겨진 신성한 사유재산권은 법원을 지배하는 절차 규칙에 결합돼서 자본주의 국가가 자본가의 재산을 확고하게 보호하도록 보장한다.

이렇게 가장 강한 판본의 자본주의 국가 이론에서는 여기서 나열한 사례들을 비롯한 국가의 여러 구조적 특징 때문에 국가의 중심 기능이 자본주의를 방어하고 재생산하는 데 쏠리게 된다. 비교적 약한 판본에서는 이런 특징들이 자본주의 국가가 자본주의를 위해 기능하게 된다고 **보장**하지는 못한다. 각 국가는 자본주의에 해를 끼치는 온갖 어리석은 일들을 할 수 있기 때문이다. 그렇다고 하더라도 국가의 자본주의적 성격 때문에 자본주의를 넘어서는 정책에 국가가 체계적으로 관여할 가능성이 차단된다. 국가가 하는 모든 일이 자본주의에 최적은 아니라 하더라도 자본주의 국가의 성격 때문에 지속적인 **반자본주의**가 봉쇄된다.

이 이론은 중요한 현실을 하나 포착해낸다. 자본주의 사회에 현존하는 국가는 그 구조 안에 여러 편향이 단단하게 굳어져 있으며, 이런 편향들은 대체로 자본주의를 지탱하는 데 기여한다는 현실 말이다. 그렇지만 그렇다고 해서 국가가 이런 구조적 편향에도 불구하고 자본주의의 지배를 갉아먹는 데 활용될 가능성이 없다는 말은 아니다. 여기서 두 가지 쟁점을 특히 중요하게 고려해야 한다. 첫째, 국가를 구성하는 기구들은 여러 내적인 모순으로 가득차 있다. 그리고 둘째, 국가에 제기되는 기능적 요구들도 모순적이다. 이제 이 두 쟁점을 각각 살펴보자.

국가의 내적 모순

3장의 자본주의 잠식하기에 관한 논의와 4장의 자본주의를 넘어선 종착지로서 민주사회주의에 관한 논의에서 핵심은 '자본주의' 개념을 하나의 이상형으로 다뤄야 한다는 주장이었다. 실제 경제 체제는 자본주의적 관계와 비자본주의적 관계들이 어지럽게 결합돼 있으며, 이런 비자본주의적 관계 중에서 일부는 반자본주의적일 수 있다. 따라서 우리는 자본주의를 자본주의가 배타적으로 존재하기보다는 지배적인 지위에 있는 하나의 경제 생태계로 묘사했다.

국가에 관해서도 똑같은 사고를 적용할 수 있다. '자본주의 국가' 개념 또한 하나의 이상형이다. 실제 자본주의 국가들은 여러 기구들이 느슨하게 연결된 이질적인 체제이며, 그중에서 자본주의의 재생산을 돕는 메커니즘이 지배적일 뿐이다. 국가 기구는 경제 기구하고 마찬가지로 시간과 장소에 따라 다양하고 불균등한 정도로 친자본주의적 편향을 구현한다. 국가의 각기 다른 부분에서 이렇게 계급을 비롯한 이해관계의 균형이 달라지는 현실은 국가를 둘러싸고 벌어지는 투쟁의 구체적인 역사가 낳은 결과다. 그리하여 타협과 양보, 승리와 패배의 궤적이 정치 기관 내부의 공식적 설계와 비공식적 규범에 모두 기입된다.

각기 다른 국가 기구들이 지닌 자본주의적 성격의 다양성에서 특히 관련 있는 요소는 민주주의의 문제다. 의사 결정과 책임성의 형태가 더욱 탄탄하게 민주적일수록 국가 기구의 계급적 성격이 순전히 자본주의적인 정도가 약해진다. 일반적인 의회민주주의조차 언제나 모순적인 계급적 성격을 띠었다. 선거 민주주의의 게임 규칙이 자본주의의 지배를 지탱하는 방식으로 국가를 둘러싼 계급 투쟁을 제약하고 길들이는 전반적인 효과를 발휘하는 사실도 맞지만, 선거가 진정으로 민주적인 경쟁을 수반하는 정도만큼 입법 기관의 계급적 성격에 잠재적인 긴장과 불확실성을 불어넣는 사실도 맞다. 위기와 대중 동원의 시기에는 이런 긴장 때문에 새로운 형태의 국가를 기획할 가능성의 한계가 느슨해질 수 있다.

따라서 민주주의를 심화하고 다시 활기를 불어넣기 위한 투쟁은 국가 기구의 자본주의적 성격을 잠재적으로 희석(제거가 아니라 희석!)한다고 볼 수 있다. 민주주의의 심화는 통상적인 국가 기관의 민주적 절차를 향상시키는 문제일 뿐 아니라 모든 현대 국가를 연결하는 다양하고 폭넓은 여러 위원회와 조직의 문제이기도 하다. 민주주의의 심화는 또한 중앙 집권적인 일국적 국가뿐 아니라 지방과 지역 차원의 국가 기구도 민주화하는 문제다. 국가의 선도적 기획이 어떻게 비자본주의적 경제를 기획할 수 있는 공간을 확대할 수 있는지를 사고하는 과정에서 지방 정부의 민주적 질을 둘러싼 투쟁이 특히 중요해진다.

모순적이고 경합하는 기능성

앞에서 말한 대로 자본주의는 자기 파괴적 경향들로 가득 차 있다. 익숙한 사례 몇 가지를 꼽아보자.

- 고용주는 이윤을 극대화하고 싶어 피고용인의 임금을 되도록 적게 지불하려 하지만, 그러면 시장에서 소비자들의 구매력이 떨어지고, 그래서 다시 자본가들이 생산하는 물건을 팔기가 어려워진다.
- 만약 어떤 기업이 직무 현장 훈련을 제공한다면 생산성 높은 노동자들이 모이겠지만, 이런 훈련을 제공하는 데는 많은 비용이 든다. 만약 어떤 부문에서 몇몇 기업은 이런 훈련을 제공하고 다른 기업은 제공하지 않는다면, 훈련을

제공하는 기업은 훈련 비용을 감당할 필요가 없는 경쟁 업체들에 노동자를 빼앗길 위험이 있다. 그 결과 모든 기업이 값비싼 직무 현장 훈련 투자를 주저하게 된다.

• 금융 부문은 가격이 오르는 자산에 투자하려고 돈을 빌리는 투기 '거품'이 생기기 쉽다. 자산 가격이 오르는 중이기 때문에 투자자들은 이 자산을 팔면 쉽게 대출금을 상환할 수 있다고 생각한다. 더 많은 사람들이 돈을 빌려서 그 자산에 투자하면 자산 가격이 훨씬 더 올라간다. 결국 거품이 터지고 가격이 폭락하면, 많은 투자자들이 대출금을 상환하지 못하고, 그리하여 금융 부문에 위기가 촉발된다. 그 결과 주기적으로 심각한 경제 위기가 발생해 많은 기업이 파괴되고, 다수 사람들에게 커다란 피해가 발생하며, 사회 불안이 고조된다.

• 자본주의 때문에 생겨나는 부와 소득의 불평등은 시간이 흐르면서 증대하는 경향이 있다. 그리하여 갈등, 특히 계급 갈등이 생겨나는데, 이 갈등을 억제하는 비용이 아주 커질 수 있다.

• 기업들은 아무 탈 없이 할 수만 있으면 비용을 타인에게 떠넘기려는 유인이 강하다. 오염이 고전적인 사례다. 시간이 흐르면서 그런 부정적 외부 효과 때문에 환경이 나빠져 모든 사람이 높은 비용을 떠안게 된다. 기후 위기가 가장 두드러진 사례다.

• 기업들이 벌이는 자본주의적 경쟁은 승자와 패자를 낳으며, 이 경쟁 때문에 특정 부문에서는 권력 집중이 누적되는 경향이 있다. 이런 독점 권력 덕분에 기업들은 소비자뿐 아니라 다른 자본주의 기업을 향해서도 약탈적 방식으로 행동할 수 있다.

만약 자본주의가 자기 마음대로 하게 내버려둔다면, 이런 자기 파괴적 경향들 때문에 자본주의의 생명력 자체가 훼손되고 만다. 자본주의 국가가 자본주의를 재생산하는 기능에 기여한다는 사고는 국가가 이런 자기 파괴 과정을 상쇄하기 위해 다양한 종류의 규제와 개입(한쪽에서 말하는 대로 하면 조종 장치)을 제공할 책임이 있다는 뜻이다.

이런 재생산은 몇 가지 이유에서 어려운 과제라는 사실이 드러난다. 많은 경우에 문제가 복잡하기 때문에 어떤 종류의 정책이 자본주의를 재생산하는 데 최적인지를 분명히 파악하기 어렵다. 그리고 어떤 문제를 풀기 위해 효과적인 해법을 실행하려면 특정 부문이나 집단에 속한 자본가들의 이익을 침해해야 하는데, 이 자본가들의 저항이 거세서 기능적 해법이 가로막힐 수 있다. 또한 자본주의를 재생산하기 위한 각각의 조건이 여러 가지인 만큼 이런 파괴적 경향들 중에서 일부를 해소할 해법 탓에 다른 경향을 해소할 해법이 훼손될 수 있다. 마지막 문제가 가장 당혹스러울지 모른다. 이를테면 복지국가의 발전을 통해 다양한 종류의 사회적 갈등을 줄이려는 국가 정책에는 일정한 수준의 과세와 재분배가 필요한데, 그러면 자본 축적에 차질이 생긴다. 이런 현상은 때로 국가의 정당화 기능(동의를 촉진해 갈등을 줄이는 기능)과 국가의 축적 기능(이윤과 자본 축적에 최적인 조건을 창출하는 기능) 사이의 모순이라고 불린다. 또 다른 사례는 노동조합을 지원하는 국가 정책이다. 이런 정책은 파괴적인 계급 갈등을 누그러트리고 기업 안에서 경영자와 노동자 사이에 건설적인 협력을 촉진하는 한 자본주의에 순기능을 할 수 있지만, 시간이 흐르면서 강한 노동조합이 경직된 고용 정책을 도입해 기업이 국제 경쟁이라는 도전에 대응하기가 어려워질 수 있다. 자본주의를 재생산하기 위한 기능적 요건이 복잡하고 다차원적이기 때문에 안정된 균형이란 결코 존재할 수 없게 된다. 시간이 흐르면서 몇몇 문제에 대응한 해법이 다른 문제를 악화시킬 뿐이다.

자본주의를 지원하려는 자본주의 국가의 시도에서 나타나는 이런 많은 모순의 밑바탕에는 자본주의를 지원하는 국가 행동이 미치는 상대적으로 단기적인 효과와 장기적인 역동적 결과 사이의 일시적 불일치라고 할 수 있는 현상이 자리한다. 지배적인 경제 구조를 지원하는 데 몰두하는 국가 행동은 주로 당면한 조건과 도전, 압력에 맞선 대응이다. 그렇지만 이런 도전에 맞선 대응은 장기적으로 무척 다른 효과를 가져올 수 있다. 따라서 효과적인 단기적 국가 행동과 이런 행동이 장기적으로 미치는 역동적 영향 사이에는 종종 단절이 자리하며, 이 단절은 현존하는 권력 구조에 실질적인 위협이 될 수 있다. 3장에서 말한 대로 이런 방식이 봉건주의의 잠식을 이해하는 한 가지 방법이다. 봉건 국가는 장기적으로 볼 때 상업자본주의의 동학이 봉건적 관계를 갉아먹는데도 다양한 방식으로 상업자본주의를 촉진했다. 상업자본주의는 봉건 지배 계급이 당면한 문제들을 해결하는 데 도움이 됐고, 바로 그런 사실이 중요했다.

마찬가지로 20세기 중반에 자본주의 국가는 사회민주주의에 결부된 활력 있는 공공 부문의 확대와 자본주의에 관한 공적 규제의 성장을 촉진했다. 사회민주주의는 흔히 '시장의 실패'라고 불리는 자본주의 안의 문제들을 해결하는 데 도움을 줬다. '시장의 실패'란 자본주의 생산을 위해 탄탄한 시장을 공급하는 데 충분하지 않은 총수요, 금융 시장의 파괴적인 변동성, 안정된 노동력 재생산을 공급하는 데 적당하지 못한 공공재 등이다. 사회민주주의는 이런 문제들을 해결하는 데 기여하면서 자본주의를 강화했다. 그렇지만 무엇보다 중요한 점을 들자면, 사회민주주의는 그 과정에서 경제 생태계 안에 다양한 사회주의적 요소들을 도입할 공간을 확대했다. 노동자의 물질적 생활 조건 중에서 상당히 많은 요소를 국가가 공급함으로써 노동력을 부분적으로 탈상품화하고, 노동자에 우호적인 노동법을 통해 자본주의 기업과 노동 시장 안에서 노동 계급의 사회적 권력을 증대했으며, 자본주의 시장에서 투자자와 기업이 하는 행동 때문에 생겨나는 가장 심각한 부정적 외부 효과(오염, 제품과 작업장의 위험성, 약탈적인 시장 행동, 시장의 변동성 등)에 대처하기 위해 효과적인 자본 규제를 할 수 있는 국가의 행정 역량을 심화시켰다. 단기적인 현실적 해법은 장기적으로 자본주의의 지배를 약화시킬 잠재력이 있는 원리를 구체화했다. 많은 자본가들은 이런 국가의 선도적 기획을 받아들이지 않은데다가 심지어 위협을 받는다고 느꼈지만, 사회민주주의 국가는 현실적 문제들을 해결하는 데 실제로 도움이 됐고, 따라서 용인됐다.

이런 일련의 국가 행동들이 20세기 중반 자본주의가 보여준 안정성에 기여한 사실을 두고 어떤 이들은 이 정책들이 전혀 비자본주의적이지 않은 점, 분명 어쨌든 자본주의의 부식제로 볼 수 없다는 점을 드러내는 지표로 간주한다. 그렇지만 이런 판단은 잘못됐다. 어떤 형태의 국가 개입이 자본주의를 위해 문제를 해결하고 심지어 자본주의를 강화하는 직접적인 효과를 발휘하면서도 다른 한편으로 시간이 흐르면서 자본주의의 지배를 잠식할 수 있는 잠재력을 지닌 동학을 작동시키는 일은 충분히 가능하다. 미국에서 우파가 줄곧 뉴딜을 '잠행성 사회주의creeping socialism'라고 지칭한 까닭도 바로 이런 이유 때문이다. 실제로 자본주의를 잠식하는 방식으로 확대되는 사회민주주의 기획의 경향은 결국 신자유주의의 깃발 아래 감행되는 사회민주주의 국가를 향한 공격으로 이어진다. 자본가들과 정치적 동맹자들은 점차 확대 국가가 자본 축적을 위한 최적의 상태를 창출하지 못한다고 보면서 적극적 국가에 맞서 공세를 개시할 정치적 기회를 기다렸다.

신자유주의는 20세기 말 대부분의 자본주의 사회에서 자본주의 국가와 자본주의 경제 내부에 존재한 사회주의적 요소들을 다양한 정도로 해체하는 데 상당히 성공을 거뒀지만, 확실히 국가에 가해지는 모순적 압력이나 국가 정치 구조의 내적 모순을 제거할 수는 없었다. 21세기 초 수십 년 동안 이런 모순이 점점 예리해지면서 경제와 국가에서 모두 위기감이 널리 퍼지고 있다. 그리하여 국가가 당면한 문제를 해결하는 새로운 기획을 개시할 여지가 생긴다. 이 과정에서 비자본주의적 대안이 확대될 여지도 잠재적으로 생겨난다.

전망

그람시는 우리에게 지성의 비관주의와 의지의 낙관주의가 필요하다는 유명한 말을 남겼다. 그렇지만 우리는 또한 최소한 의지의 낙관주의를 지탱할 수 있는 지성의 낙관주의도 어느 정도 필요하다. 자본주의의 지배를 장기적으로 잠식하는 동학을 열어젖힐 수 있는 국가 기획이 미래에 가능할지에 관련해 어느 정도 낙관을 품을 근거가 존재한다는 점을 보여주는 추세는 두 가지다.

첫째, 지구 온난화 때문에 자본주의의 특정한 형태인 신자유주의가 종언을 맞이할 가능성이 높다. 탄소를 배출하지 않는 에너지 생산으로 전환하는 식으로 기후변화를 완화하는 문제는 제쳐두고라도, 어쩔 수 없이 지구 온난화에 적응하려면 국가의 공공재 공급을 대대적으로 확대해야 한다. 시장이 나서서 맨해튼을 보호하기 위해 바다 장벽을 세울 리는 없기 때문이다. 이런 국가 개입에 필요한 자원의 규모는 20세기에 벌어진 대규모 전쟁의 수준에 쉽게 육박할 수 있다. 자본주의 기업들이 전쟁 시기에 군수 생산을 통해 이윤을 얻듯이 공공재 기반 시설을 생산해서 막대한 이윤을 얻는다고 하더라도, 국가가 이렇게 환경 공공재 공급에서 하는 구실을 확대하려면 상당한 세금 인상과 국가 계획이 필요하다. 신자유주의는 높은 수준의 군사 지출과 군사 계획하고 양립할 수 있었지만, 이제 국가 개입이 대규모 환경 기반 시설과 규제 쪽으로 이동하게 되면서 이데올로기적으로나 정치적으로나 신자유주의가 잠식될 가능성이 짙다. 만약 이 과정이 자본주의적 민주주의의 틀 안에서 진행된다면(확실히 이럴 가능성은 낮지만), 공공재 공급이라는 국가 기능이 이렇게 재활성화되면, 폭넓은 진보적 국가 행동이 생겨날 정치적 공간이 한층 넓어지게 된다.

21세기가 진행되는 과정에서 자본주의 국가가 씨름해야

할 둘째 추세는 정보 혁명과 기술 변화에서 야기되는 장기적인 고용 효과다. 물론 기술 변화의 물결이 일 때마다 신기술로 일자리가 파괴돼 결국 주변화가 만연하고 항구적인 구조적 실업이 생겨나리라고 추측되지만, 앞서 나타난 물결들을 보면 경제 성장 덕분에 결국 여러 새로운 부문에서 충분한 일자리가 생겨나 고용 감소를 극복할 수 있었다. 전문 서비스 부문을 포함해서 현재 서비스 부문에 침투 중인 디지털 시대의 자동화 형태들 때문에 미래의 경제 성장이 자본주의 시장을 통해 충분한 고용 기회를 제공할 가능성은 한결 줄어든다. 이 문제는 자본주의 생산의 세계화 때문에 한층 더 대규모로 벌어진다. 21세기가 진행되면서 이 문제는 나빠지기만 할 테고, 시장 세력의 자생적 작동으로 해결되지 않는다. 그 결과 인구의 많은 부분에서 불안정성과 주변화가 커지게 된다. 사회 정의에 관한 고려는 제쳐두고라도 이런 추세 때문에 사회적 불안정과 값비싼 갈등이 생겨날 가능성이 높다.

이 두 추세가 결합하면 자본주의 국가에 새롭고 커다란 과제들이 제기된다. 기후 변화에 대처하기 위해 공공재 공급을 대대적으로 늘려야 하고, 특히 자동화와 인공 지능 같은 기술 변화 때문에 생겨나는 폭넓은 경제적 혼란과 불안정에 대처할 새로운 정책도 필요하다. 물론 미래에 나타날 한 가지 가능한 궤적은 이런 도전들이 결합돼 자본주의 사회 안에서 민주주의의 잠식이 가속되는 경로다. 우리는 이미 미국에서 빈곤

층과 소수 민족의 투표권이 억압되고, 우파 정치 세력에 유리하게 선거구 게리맨더링이 심해지고, 선거에서 무제한으로 돈을 쓸 수 있게 되는 와중에 이런 경향을 목도하고 있다. 특히 기후 변화에 따른 전지구적 혼란에 직면해 군국주의가 대두될 가능성을 감안할 때, 민주주의의 겉치레를 쓴 권위주의 국가가 등장하는 사태는 확실히 가능한 하나의 시나리오다. 그렇지만 또 다른 궤적이 가능하다. 진보적인 대중적 결집이 더 큰 정치적 영향력을 발휘하는 사이에 민주주의가 다시 활력을 얻을 가능성도 있다. 이렇게 되면 더욱 민주적이고 평등한 형태의 경제 활동이 확대되면서 혼성적 경제 생태계 안에 자본주의하고 나란히 공존할 수 있게 해주는 새로운 형태의 국가 개입이 생겨날 가능성도 높아진다.

특히 다음 두 시나리오를 생각해보자.

기후 변화에 적응해야 할 필연성 때문에 신자유주의와 신자유주의 이데올로기 구조는 분명히 종언을 고하게 된다. 국가는 기후 변화에 대처하기 위해 대규모 공공사업을 계획하는 데 착수하는 동시에 에너지 생산과 운송 체계를 중심으로 경제 계획에서 더욱 적극적인 구실을 맡는다. 탄소 기반 에너지 시스템에서 신속하게 벗어나야 하기 때문이다. 이런 상황에서 국가 기능의 폭넓은 확대가 다시 정치 의제에 오른다. 공공재의 필요성, 그리고 주변화 확대와 경제 불평등 증대에 대처하는 국가의 책임에 관한 이해가 확대된다. 자본주의 노동 시장을 통한 완전 고용은 점차 실현 불가능해 보이기 때문이다.

국가는 이런 압력에 두 가지 방향으로 대처하는데, 이 대응은 혼성적인 자본주의 경제 생태계 안에서 민주사회주의적 요소들을 상당히 증대시키게 된다. 첫째, 이데올로기적 전환과 정치적 압력 덕분에 공공 재화와 서비스 공급에서 국가가 자금을 대는 고용 확대 흐름이 촉진될 수 있다. 부자 나라들은 확실히 이런 확대의 비용을 감당할 수 있다. 문제는 이런 목적을 위해 세금을 인상할 정치적 의지가 있느냐지, 비용을 감당하는 선택을 어렵게 만드는 경제적 제약이 아니다. 둘째, 국가는 조건 없는 기본 소득을 통해 생계와 일자리의 연계를 더욱 근본적으로 변화시킬 수 있는 가능성을 진지하게 고려할 수 있다. 조건 없는 기본 소득은 2010년대에 이미 점점 대중적으로 논의되고 있는 정책 제안이다.

조건 없는 기본 소득은 자본주의 시장 안에서 충분한 고용 기회가 감소하는 동시에 경제 안에서 사회 권력의 공간이 확대되는 현실에 대응할 수 있는 국가 개입 형태다. 자본주의의 재생산이라는 관점에서 보면, 조건 없는 기본 소득은 세 가지 결과를 달성할 수 있다. 첫째, 주변화 때문에 생겨나는 불평등과 빈곤이 가져오는 최악의 효과를 완화함으로써 사회 안정에 기여한다. 둘째, 모든 사람을 위한 자유재량 소득을 창출하기 위한 일자리의 자기 창조라는 또 다른 소득 창출 노동의 모델을 뒷받침한다. 조건 없는 기본 소득이 시행되면, 각자

스스로 창조한 일자리로 생계 소득을 벌지 못하더라도 사람들에게 매력적인 폭넓은 시장 지향적 자가 고용 기회가 생겨난다. 이를테면 만약 조건 없는 기본 소득으로 기본적인 생활비가 감당이 되면, 더 많은 사람들이 소농민이나 상업적 채소 재배농으로 변신을 꾀하리라고 상상할 수 있다. 조건 없는 기본 소득이 시행되면 또한 많은 사람들이 선뜻 '긱 경제'에 뛰어들어서 생존할 수 있다. 그리고 셋째, 조건 없는 기본 소득 덕분에 자본주의 생산을 위한 소비자 시장이 안정된다. 하나의 생산 체제로서 자본주의 기업들의 자동화는 본질적으로 생산되는 제품을 살 만한 사람들을 충분히 고용하지 못하는 문제에 직면한다. 조건 없는 기본 소득은 폭넓게 분산된 기본적인 소비재 수요를 제공한다. 이런 이유들 때문에 조건 없는 기본 소득은 자본가 엘리트들에게도 매력적인 정책 선택지가 될 수 있다. 특히 되살아난 적극적 규제 국가에 직면해 이데올로기로서 신자유주의의 활력이 소진된 상황에서는 말이다.

만약 조건 없는 기본 소득이 자본주의가 직면하는 문제들을 해결할 매력적인 해법이라면, 어떻게 또한 자본주의의 잠식에도 기여할 수 있을까? 자본주의의 핵심 특징은 마르크스가 노동자의 이중적 분리라고 말한 현상이다. 노동자가 생산 수단에서 분리되는 동시에 생계 수단에서도 분리되는 셈이다. 조건 없는 기본 소득 덕분에 노동자들은 생계 수단에 재결합된다. 물론 그래도 여전히 생산수단에서는 분리돼 있다. 따라서 조건 없는 기본 소득은 자본주의의 기본적인 계급 관계를 직접적으로 수정한다. 4장에서 논의한 대로 국가가 세금을 재원으로 삼아 제공하는 조건 없는 기본 소득 덕분에 노동자들은 자본주의적 고용을 거부하는 대신 온갖 종류의 비자본주의적 경제 활동을 선택할 수 있다. 그중에는 사회 권력을 통해 구축되는 활동도 있다. 사회/연대 경제, 노동자 협동조합, 비상업적 공연 예술, 지역 사회 운동 등 사례는 아주 많다. 따라서 조건 없는 기본 소득은 지속 가능한 사회주의적, 곧 사회 권력적 경제 관계의 공간을 넓힌다. 주변화 문제를 낳은 바로 그 기술 발전 덕분에 이 모든 가능성이 한층 향상된다. 정보기술은 생산에서 규모의 경제를 크게 축소시키기 때문이다.

조건 없는 기본 소득(사람들이 자본주의적 경제 부문에서 이탈하도록 촉진한다)과 신기술(비자본주의적 생산 형태의 발전을 촉진한다), 그리고 이런 기획의 밑바탕이 되도록 기꺼이 나서서 더 나은 수준의 기반 시설을 제공하는 지방 정부가 결합하면, 시간이 흐르면서 사회 권력을 통해 조직되는 경제 부문이 아직 예측할 수 없는 방식으로 뿌리를 더 깊이 내리며 확대될 수 있다.

다음 같은 사실을 강조하는 문제가 중요하다. 이 모든 일이 자본주의 안에서 일어나게 될 만큼 이런 비자본주의적 생산 형태들은 자본주의의 정언 명령에 관한 반대를 적극적으로 명시하는 방도를 찾아야 한다. 비자본주의적 부문에 투입되는 많은 요소들은 자본주의 기업들이 생산할 테고, 비자본주의적 부문의 생산자들은 소비의 많은 부분을 자본주의 기업들에서 구입해야 하며, 국가의 공공재 생산도 자본주의 기업들을 상대로 계약을 맺어야 한다. 조건 없는 기본 소득은 자본주의적 관계에서 이탈하는 흐름을 촉진하지만, 또한 어떤 의미에서 자본주의 기업들을 위해 불안정 노동을 지원하기도 한다. 특히 긱 경제에서 이런 현상이 두드러진다. 이런 새로운 지형이 안정된 뒤에도 국가는 여전히 자본주의가 우세한, 아니 거의 확실히 지배할 경제를 감독하게 된다. 그렇지만 사람들이 생계를 꾸리는 방법에 가해지는 자본주의의 제약이 한결 약해지는 한 자본주의의 지배는 축소된다. 그리하여 경제 안에서 사회 권력의 범위를 확대하기 위한 지속적인 투쟁이 새롭게 벌어질 가능성이 활짝 열린다.

3장에서 나는 이런 이중적 성격의 개혁들, 자본주의의 문제를 해결함으로써 자본주의를 강화하는 동시에 해방적 대안을 구축할 가능성을 확대하는 개혁들을 **공생적** 변혁이라고 지칭했다. 반자본주의자들은 종종 국가가 이런 행동을 하는 모습을 아주 수상쩍게 본다. 조건 없는 기본 소득이 긱 경제에서 저임금 일자리를 지원하는 데 그친다면, 결국 나쁜 구상이 아닌가? 그렇다면 결국 개혁이 자본주의에 흡수되고 만 상태를 의미하지 않는가? 그렇지만 바로 이 이유 때문에 이런 종류의 개혁이 지속 가능해진다. 자본주의에 어떤 긍정적 이득도 제공하지 않으면서 반자본주의적 대안을 장려함으로써 자본주의를 직접 훼손하는 개혁은 진보 세력의 정치적 힘이 쇠퇴할 때마다 어김없이 해체될 위험에 놓이게 되기 때문이다.

따라서 조건 없는 기본 소득과 자본주의는 역설적 관계에 놓인다. 한편으로 조건 없는 기본 소득은 적어도 어떤 부문에서는 자본주의 안에서 폭넓은 현실적 문제를 해결하는 데 도움을 주고 자본 축적의 활력에 기여할 수 있다. 다른 한편 조건 없는 기본 소득에는 자본주의의 지배를 축소하고 경제 생태계를 자본주의 너머로 나아가는 궤적을 향하게 하는 방식으로 민주적-평등주의적 틈새 변혁을 위한 공간을 확대하는 동학을 열어젖히는 데 기여할 잠재력이 있다. 따라서 만약 충분한 수준의 조건 없는 기본 소득을 시행하고 지켜낼 수 있다면, 경제 체제 전반에서 자본주의의 지배를 잠식하는 동시에 자본주의가 작동하는 축소된 공간들 안에서 자본 축적의 조건을 강화할 수 있다.

국가의 자본주의적 성격에 기입된 가능성의 한계들이 무척 좁아서 이런 종류의 비자본주의적 경제 과정의 성장을 촉진하는 국가 행동이 가로막힌다면, 자본주의를 잠식할 가능성은 멀어진다. 그렇지만 현재의 문제 해결과 미래의 결과 사이에 상당한 단절이 자리하고, 대중적인 사회 세력들이 대안적 경제 공간을 공고화한다는 정치 의제를 중심으로 결집한다면, 민주와 평등과 연대의 가치를 구현하는 경제 활동을 크게 확장하는 변화가 가능하다. 그렇다면 더 나아가 자본주의를 넘어서는 잠재적 궤적의 토대를 마련할 수 있다.

국가의 민주화

자본주의 국가는 해방적 사회 변혁에 유리하게 설계돼 있지 않다. 이 국가는 자본주의의 지배를 뒷받침하기 위해 체계적으로 편향돼 있다. 대기업과 부유층이 국가 관료제에 특권적으로 접근할 수 있을 뿐 아니라 국가 자체의 제도적 구조도 그렇게 짜여 있다. 그렇지만 자본주의 국가는 또한 자본주의의 지배를 재생산하기 위한 완벽한 장치가 아니다. 사회주의 정치 세력을 위한 묘책은 자본주의 자체 때문에 생겨나는 문제들을 해결하는 과정에서 국가가 직면하는 여러 모순만이 아니라 국가의 내적 불일치까지 한껏 활용하는 방식이다. 이런 행동을 통해 민주와 평등과 연대의 경제적 대안을 창조할 가능성이 넓어질 수 있다.

이런 가능한 변화에서는 자본주의 국가 안에서 작동하는 민주주의의 질이 중요하다. 자본주의 국가가 더욱 철저하게 민주적일수록 비자본주의적 대안을 위한 조건을 뒷받침하는 국가 정책이 실현될 가능성도 커진다. '민주주의를 민주화'(포르투갈 출신 사회학자 보아벤투라 상투스Boaventura Santos가 만든 표현이다)하기 위한 투쟁은 따라서 자본주의를 잠식하는 데 핵심적인 구실을 한다.

민주주의를 민주화하려면 신자유주의가 국가에 미치는 반민주적 효과를 저지하는 동시에 제도 혁신을 통해 민주주의를 심화해야 한다.

신자유주의는 주로 네 가지 방식으로 민주주의를 훼손하고 있다. 첫째, 자본의 전지구적 이동에 가하는 제약을 줄여서 국가가 자본의 이해관계에 관심을 기울이도록 외부 압력을 늘리고 있다. 둘째, 금융 부문의 규제 완화를 통해 국가 정책을 제약하는 금융 권력을 키웠다. 셋째, 폭넓은 국가 서비스를 민영화해 많은 공공 서비스의 질과 특성을 민주적으로 관리하는 국가의 효과적 역량을 훼손하고 있다. 그리고 마지막으로, 노동 운동을 약화함으로써 노동 시장 내부만이 아니라 정치의 장에서도 노동 계급의 결사적 권력이 기반하는 가장 중요한 원천을 훼손했다. 더욱 민주적인 자본주의적 민주주의를 위한 조건의 하나는 이런 추세를 뒤집는 변화다. 각국이 경제적 우선 과제에 관련해 더 많은 기동성을 얻도록 자본의 전지구적 이동을 대상으로 다시 충분한 통제를 도입해야 한다. 경제의 집약적 금융화를 줄이는 방식으로 금융 부문을 재규제해야 한다. 그리고 민영화된 공공 서비스 공급에서 직접적인 국가 개입을 복원해야 한다. 또한 노동 조직화에 유리한 법적 환경을 조성해야 한다.

그렇지만 신자유주의가 민주주의에 가한 손상을 복원하는 정도만으로는 충분하지 않다. 향수 어린 눈길로 신자유주의 이전 시대를 건강한 민주주의의 황금기로 봐서는 안 된다. 신자유주의 이전의 민주주의는 모든 자본주의 국가에서 불완전하고 제약을 받았다. 자본주의 국가를 변화시켜 경제 민주화를 촉진하는 데 더 우호적인 환경으로 만들려면 가능한 모든 곳에서 민주주의를 심화할 필요가 있다. 무엇보다 중요한 요소들 중에서 일부만 나열하자면 다음 같다. 민주적 권한을 통한 탈집중화, 새로운 형태의 시민 참여, 민주적 대표를 위한 새로운 기관, 선거에 적용되는 게임 규칙의 민주화.

민주적 권한을 통한 탈집중화

국가의 탈집중화라는 개념과 민주화는 관계가 모호하다. 사실 신자유주의의 특징 중 하나는 탈집중화를 요구한다는 점이었다. 집중화된 정치적 권한은 지나치게 관료적이고 경제적으로 비효율적이며 종종 부패한다는 논리가 주된 이유였다. 그렇지만 대체로 신자유주의적 탈집중화는 민영화와 시장화, 국가 지출 축소를 가리려는 속임수였다. 여기에 대조적으로 민주적 권한을 통한 탈집중화는 다음 같은 사고에 근거한다. 그러니까 많은 경우에서 문제에 더 가까이 자리한 민주적 공공 당국에 실질적인 의사 결정 권한을 부여할 때 문제 해결이 더욱 효과적일 수 있다. 도시와 지역을 비롯해 국민국가의 탈집중화된 하부 단위에 더 많은 관할권과 자율성, 필요한 자원을 부여하는 문제가 특히 중요하다. 또한 정부 규모가 작을수록 의미 있는 대중이 참여하기가 한결 쉽기 때문에 이런 탈집중화는 높은 수준의 시민 참여에 관련된 활발한 민주적 실험을 할 가능성을 한껏 열어준다.

새로운 형태의 시민 참여

확실히 정치 권력의 탈집중화만으로는 민주주의를 향상시키는 데 충분하지 않다. 지방 수준의 정부는 후견 관계를 중심으로 조직된 정치 기구가 운영하기 때문에 부패하고 권위주의적일 수 있다. 우리에게는 탈집중화한 각급 정부 안에서 민주주의를 심화하는 동시에 각 단위가 일을 하는 데 필수적인 권력과 자원을 부여하는 변화가 필요하다.

이런 목표를 달성하기 위한 혁신적인 제도 설계의 하나가 참여 예산이다. 참여 예산에서는 한 조직이 쓰는 예산의 전부나 일부가 해당 조직 성원들이 직접 예산 결정에 참여하는 과정을 거쳐 할당된다. 이 제도는 도시나 학교, 공영 주택 단지, 또는 자체 예산 할당에 관련해 최소한 일정한 통제권을 지닌 모든 조직에 적용할 수 있다. 이 구상은 1990년대 초 브라질의 포르투알레그리 시에서 시작돼 세계 곳곳으로 퍼지고 있다.

도시에서 참여 예산을 운영하는 방식에는 여러 가지 다른 제도적 설계가 있다. 이를테면 뉴욕 시에서는 각 구의회에 재량 예산이 할당되는데, 해당 구에서 선거로 뽑힌 시의원이 도로 포트홀 정비부터 공원 개보수에 이르기까지 다양한 기반시설 관련 사업에 사용하게 관리한다. 따라서 시의원은 이 재량 예산을 어떻게 사용할지 구민들이 결정하게 할 수 있다. 구단위 참여 예산에 할당되는 금액은 각기 다르지만, 보통 연간 100~200만 달러에 이른다. 자원한 구민들이 예산을 사용할 사업안을 마련하는 위원회에 참여한다. 시 소속 전문 직원들이 각 제안에 들어갈 비용을 결정한 뒤, 구민들이 선호하는 사업을 시행하는 방안을 대상으로 투표할 수 있다. 뉴욕 시 사례에서는 10대와 미등록 이민자도 사업 개발과 투표 과정에 모두 온전하게 참여할 수 있다.

현재 세계 곳곳 수백 개 도시에서 이런저런 형태의 참여 예산이 시행되고 있다. 때로는 참여 예산 관련 권한이 보잘것없는 수준이어서 예산의 일부를 실제로 통제하는 수준이 아니라 당국에 권고하는 데 그친다. 때로는 참여 예산을 수립하는 과정이 정치인들이 특혜를 베푸는 또 다른 통로로 변질돼 민주적 참여의 표현은커녕 새로운 종류의 후견 기구가 되기도 한다. 그리고 거의 모든 곳에서 참여 예산을 통해 직접 통제되는 예산 규모는 비교적 작다. 그렇다고 해도 참여 예산을 비롯해 지방 차원의 이런저런 직접민주주의 형태에 담긴 제도적 원리는 권한을 부여받은 국민의 참여 가능성을 향상시킴으로써 민주주의를 심화하는 의미 있는 통로가 될 잠재력을 지닌다.

민주적 대표를 위한 새로운 기관

참여 예산은 의미 있는 민주적 참여를 향상시키기 위해 현재 실험 중인 다양한 혁신적 제도 장치의 하나일 뿐이다. 민주주의를 심화하기 위한 또 다른 혁신은 일정한 종류의 의사 결정 기구에 시민들을 무작위로 선발해서 참여시키는 제도다. 가장 익숙한 사례는 배심원 제도(국민 참여 재판)인데, 무작위로 선발된 시민들이 재판 결과를 결정한다. 다양한 종류의 정부 기관과 부처가 내리는 결정에 조언을 제공하기 위해 협의 기구(때로 '소공중mini public'이라고 불린다)에서도 무작위 선발이 활용되고 있다.

더욱 원대한 제안은 양원제 의회에서 선거로 뽑는 의회 중 하나를 무작위 선발을 거쳐 충원하는 의회로 대체하자는 구상이다. 물론 이런 구상을 실행하려면 많은 세부 사항을 꼼꼼하게 조정해야 하지만, 기본적인 아이디어는 무작위로 선발된 일반 시민들이 모여 구성한 입법 의회가 선거로 뽑는 의회보다 인구 구성을 더 정확하게 반영한다는 사실이다. 선거제 의회는 거의 언제나 상대적으로 특권층에 속한 사람들이 채우기 때문이다. 추첨제 의회는 사회를 구성하는 이해관계의 스펙트럼을 충실하게 반영하는 방식으로 쟁점을 숙의하고 엘리트의 이익에 지배받지 않는 방식으로 타협을 추구하는 과정에서 더 나은 위치에 설 수 있다.

선거에 적용되는 게임 규칙의 민주화

권한을 부여받은 시민 참여의 새로운 형태들이 더욱 건강한 민주 사회에 기여할 수 있지만, 생명력을 지닌 민주주의 체제라면 다양한 정치 관료들을 선발하기 위해 여전히 주로 선거에 의존해야 한다는 현실은 거의 확실하다. 따라서 민주주의의 민주화에서 핵심적인 문제는 선거 민주주의를 더욱 확고하게 민주적으로 만들 수 있는 방안을 중심으로 전개된다.

현존하는 선거 규칙의 구체적인 문제들은 장소에 따라 달라진다. 미국에서 채택한 종류의 선거 제도는 특히 결함이 있다. 소선거구제는 게리맨더링에 취약하기 때문이다. 그렇지만 합리적인 비례대표제를 포함해 모든 제도는 민주주의의 가치를 침해하는 방식으로 작동한다. 무엇보다도 미국 사회는 사적인 부가 선거 절차에 미치는 영향력을 차단하는 데 실패하고 있다.

특히 부와 소득의 불평등 수준이 높은 자본주의 경제에서는 사적인 부를 사용해서 정치 일반, 그중에서도 특히 선거에 영향을 미치려는 시도를 차단하는 일이 쉽지는 않다. 자본주의가 계속 지배하는 한 경제 불평등이 생겨나서 정치까지 영향을 미치게 마련이다. 그렇지만 이런 영향력을 누그러트리는 방법이 있다. 핵심은 선거 정치에 쓰이는 주요 자금의 성격이 사적 자금이 아니라 공적 자금이 되도록 보장하는 문제다. 브루스 애커먼Bruce Ackerman과 이안 에이어스Ian Ayers는《돈으로 투표하기^{Voting with Dollars}》(2004)에서 모든 시민에게 매년 일정한 금액을 정치에 쓰라고 제공하는 방법을 제안했다. 이를테면 100달러를 전용 현금 카드로 제공할 수 있다. 이렇게 직접적인 시민 지급금을 통해 선거 자금을 마련하는 개인이나 정치 조직은 어떤 사적인 돈도 받아서는 안 된다. 이런 방식을 도입하면 민주적 정치 자금의 평등한 분배가 사적인 정치 자금의 불평등을 상쇄하는 평형추로 작용한다.

* * *

자본주의 국가의 민주적 절차가 다시 활력을 회복하고 심화된다면, 자본주의 국가를 활용해서 자본주의의 지배를 점차 잠식할 수 있는 가능성이 상당히 커지게 된다. 그렇지만 이런 가능성이 실제로 실현된다는 보장은 전혀 없다. 이 가능성이 실현되느냐 실패하느냐는 공생적 개혁을 위해 성공적으로 투쟁할 수 있는 역량에 좌우된다. 그리고 다시 다음 같은 질문이 제기된다. 과연 누가 그런 투쟁에 참여할까? 자본주의를 잠식하기 위한 지속적인 투쟁을 벌일 집합적 주체는 어디에 있을까? 다음 장에서 이 주제를 다루자.

6장

변혁의
주체들

어떤 면에서 보면, 자본주의 잠식하기라는 전략적 전망에서 가장 당혹스러운 문제는 자본주의에 도전하는 기획을 지탱하기 위해 투쟁할 수 있는 충분한 응집력과 역량을 갖춘 집합적 행위자를 어떻게 창출하느냐다. 현재 상태의 세계에 관한 확실한 진단과 비판, 세계를 더 나은 장소로 만드는 대안들의 가치와 생명력에 관한 설득력 있는 설명을 갖추는 정도로 충분하지 않다. 우리를 올바른 방향으로 이끌 전략들의 지도를 그리는 정도도 충분하지 않다. 이런 대안들이 실제로 실현될 수 있으려면, 이 전략들을 활용해 대안을 실행할 수 있는 변혁의 정치적 주체가 있어야만 한다. 그렇다면 이 집합적 행위자들은 누구인가?

자본주의를 잠식하려 하는 어떤 현실성 있는 전략이든 간에 집합적 행위자가 필수적인 이유를 분명히 밝히면서 시작하려 한다. 그다음에 '행위 주체' 개념과 집합적 행위자의 형성에서 핵심적인 세 가지 개념, 곧 **정체성, 이해관계, 가치** 등을 논의할 생각이다. 나머지 부분에서는 오늘날 세계에서 효과적인 집합적 행위자를 창조하는 문제를 둘러싼 복잡한 현실을 헤쳐 나가는 쟁점을 탐구한다. 나는 이 집합적 행위자들을 어디서 찾아야 하느냐는 질문에 현실적인 해답을 제시할 수는 없겠지만, 우리가 이 행위자들을 창조하는 과정에서 직면하는 과제를 분명히 밝힐 수 있기를 기대한다.

자본주의를 잠식하기 위한 집합적 행위자들

3장의 중심적 주장을 되돌아보면, 자본주의 잠식하기는 자본주의에 저항하기, 자본주의에서 벗어나기, 자본주의 길들이기, 자본주의 해체하기 등 네 가지 전략적 논리를 결합한 산물이다. 각기 다른 종류의 집합적 행위자들과 집합적 행위자들의 연합이 이 각각의 전략적 논리에 포함된다.

자본주의에 저항하기는 자본주의의 약탈에 맞서는 노동운동의 대부분과 많은 사회운동의 중심에 자리한다. 긴축을 저지하려 고안된 항의 시위와 점거를 목표로 하는 일시적 동원이 현대의 사례다. 자본주의에서 벗어나기는 사회/연대 경제와 협동적 시장 경제에 바탕한 공동체 행동주의를 위한 전략이다. 때로는 여기에 비자본주의적 형태의 경제 활동을 양성하기 위해 조직된 대규모 그룹 연합이 포함될 수 있고, 때로는 집합적 행위자들이 아주 규모가 작아 비자본주의적 경제 관계를 창조하는 데 적합한 국지적 공간을 활용할 수 있다.

자본주의에 저항하기나 자본주의에서 벗어나기는 반드시 국가 권력의 획득을 주요 목표로 삼는 행동이 필요하지는 않다. 여기에 대조적으로 자본주의 길들이기와 자본주의 해체하기는 단순히 기성의 게임 규칙 안에서 움직이는 데 그치지 않고 규칙을 바꾸려 하기 때문에, 이 두 전략에는 국가 자체 안에서 일정한 권력을 획득하기 위한 정치 행동이 필요하다. 자본주의 길들이기는 특히 국가가 제공하는 다양한 종류의 보호 수단을 통해 자본주의의 폐해를 중화한다. 자본주의 해체하기는 소유권의 몇몇 측면을 사적 통제에서 공적 통제로 이동시키며, 일정한 종류의 재화와 서비스의 공급을 시장과 사적 투자자들의 통제에서 제거한다. 그리하여 자본주의 잠식하기의 중심 논리는 이렇게 위부터 시작되는 게임 규칙의 변화를 통해 장기에 걸쳐 자본주의의 지배를 갉아먹는 방식으로 아래에서 출발해 자본주의 경제 관계의 대안을 구축할 공간을 확대할 수 있다는 주장이다.

이런 전략적 조합이 지닌 매력의 하나는 각기 다른 방식으로 자본주의의 지배에 반대하는 아주 다른 종류의 여러 행동주의에 정당한 공간을 제공한다는 점이다. 사회/연대 경제를 중심으로 한 공동체 행동주의와 국가를 둘러싼 정치적 행동주의를 대립적으로 보는 대신, 이 두 행동주의가 상호 보완하게 만들 수 있다. 물론 실제로 이렇게 바꾸는 일이 언제나 쉽지는 않다. 특히 이런 상이한 형태의 반자본주의 전략에 필요한 조직의 종류가 너무도 다르기 때문이다. 그렇다 하더라도 두 행동주의가 본질적으로 대립한다고 볼 필요는 없다.

자본주의를 잠식하기 위한 전략에 관련된 이런 논증에서 가장 커다란 수수께끼는 진보적 행동을 통해 자본주의의 게임 규칙에 도전하고 자본주의를 변화시키기 위한 정치적 행동을 할 수 있는 탄탄한 집합적 행위자를 어떻게 창조하느냐 하는 문제다. 전통적으로 이런 과제는 정당의 몫이었다. 압력 단체, 온갖 종류의 이익 단체, 노동조합, 지역 사회 조직, 사회운동 조직 등 각기 다른 종류의 조직과 결사체도 진보적인 사회 변화를 위한 정치적 직접 행동에서 일정한 구실을 할 수 있다. 어떤 시간과 장소에서는 이런 조직들 중 일부가 진보적 국가 행동의 가능성에 결정적인 영향을 미칠 수 있다. 그렇지만 시민사회에 바탕을 두는 이런 다양한 집합적 행위자들이 국가가 강제하는 규칙을 바꾸는 데 지속적으로 영향을 미치려면, 국가 안에서 직접 행동할 수 있는 진보적 정당하고 어떤 식으로든 연결돼야 한다. 그렇다면 결국 자본주의 잠식하기 전략은 이런 정치적 기획에 전념하는 정당과 시민사회에 뿌리를 내린 집합적 행위자들이 만든 그물망에 의존한다.

따라서 정치적으로 행동할 수 있는, 이렇게 서로 연결된 집합적 행위자를 창조하는 과정을 어떻게 생각할지가 문제가 된다. 이 문제를 좀더 정확하게 규정하려면, 집합적 행위의 문제라는 사회 이론의 고전적인 주제로 우회할 필요가 있다.

집합적 행위의 문제

사회 이론은 간혹 구조/행위 문제라고 불리는 문제에 관한 논의로 가득차 있다. 이 논의는 대부분 아주 추상적이고 종종 무척 모호하다. 방법론적 개인주의냐 체계 이론이냐, 미시 이론이냐 거시 이론이냐, 우연성이냐 결정성이냐, 사회과학에서 설명의 성격은 무엇이냐 같은 문제를 둘러싸고 사회 이론에서 나타나는 몇 가지 거대한 단층선을 중심으로 여러 쟁점이 뒤엉킨다. 여기서 이런 쟁점들을 탐구하지는 않겠다. 지금 우리는 행위, 특히 '집합적' 행위 개념을 분명하게 밝히고, 더 나아가 자본주의에 맞선 투쟁을 펼칠 효과적인 집합적 행위자들을 창조하는 문제를 정확하게 파악하는 일을 해야 한다.

'행위' 개념

'행위agency'는 일반적이고 추상적인 개념이다. 예란 테르보른Göran Therborn이 《권력의 이데올로기와 이데올로기의 권력The Ideology of Power and the Power of Ideology》*(1980)에서 적절하게 정리한 표현을 쓰자면, 행위란 사람들이 '구조화된 의미 있는 세계에서 의식적이고 반성적인 행동을 시작하는 이들'이라는 사실을 가리킨다. 사람들은 단순히 역할로 정의되는 각본을 따르도록 프로그램돼 있지 않다. 사람들은 행동을 부추기며, 종종 상당한 지성과 창의성, 임기응변을 갖추고 있다. 물론 이런 행위는 갖가지 제약 안에서 일어나는데, 각종 제약은 사람들이 행

---

* 괴란 테르본 지음, 최종렬 옮김, 《권력의 이데올로기와 이데올로기의 권력》, 백의, 1994 — 옮긴이.

동하는 배경인 사회 구조에 따라 만들어지기도 하고, 내면화된 제약이 신념과 습관에 구현되기도 한다. 때로는 이런 제약 때문에 스스로 시작할 수 있는 행동의 범위가 심각하게 협소해지기도 하고, 때로는 제약이 상대적으로 느슨하기도 하다. 그렇지만 인간은 결코 로봇이 아니다.

사회이론가와 분석가들은 인간 행위가 사회 현상을 설명하는 데서 어느 정도나 두드러지는지를 둘러싸고 의견이 갈린다. 한 극단에 있는 이론가들은 간혹 '구조주의자'라고 불리는데, 구조주의자들은 사람들을 자기가 속해 살아가는 사회적 관계의 담지자bearer로 간주하기까지 한다. 구조주의자들이 볼 때 우리가 우리 스스로 하는 행동의 창조자author라는 생각은 환상일 뿐이다. 반대편 극단에 있는 이론가들은 사회 구조의 설명적 유관성explanatory relevance을 거의 부정한다. 사람들은 복잡하게 교차하는 주관성들로 구성되며, 이 주관성들을 통해 세계 안에서 정체성을 형성하고 행동한다.

지금 우리가 하는 논의에서는 이렇게 아주 추상적인 쟁점들을 가려낼 필요는 없다. 여기에서는 사람들이 무의식적 습관의 피조물이고 종종 각본에 쓰여진 방식대로 행동하더라도 또한 의식적으로 행동을 시작하는 사람들이기도 하다는 사실을 당연하게 받아들인다. 만약 사람들이 이런 의미에서 행위자가 아니라면 자본주의 때문에 생겨난 폐해와 바람직한 대안, 이 대안들을 실현하는 데 따르는 딜레마 등을 분명하게 밝히는 책을 쓸 필요가 없기 때문에 이 점은 대단히 중요하다. 전략의 가능성 자체가 의식적으로 행동을 시작하는 행위자인 사람들에게 의존한다.

행위 개념은 개인에 적용될 뿐 아니라 좀더 복잡한 방식이기는 하지만 집단에도 적용된다. 개인에서 집합체로 나아가는 이동은 사회 이론에서 또 다른 지뢰밭이다. 집단은 개인의 사례하고 똑같은 의미에서 '행동'하지 않기 때문이다. '자본가 계급이 뉴딜에 반대했다' 같은 언명은 '대부분의 자본가들이 뉴딜에 반대했다'는 의미일 수도 있고, '자본가 계급의 이해를 대변하는 조직과 정당이 뉴딜에 반대했다'거나 '사회적 네트워크와 사적 결사를 통해 연결된 자본가 계급의 유력한 성원들이 뉴딜에 반대하고 다른 자본가들도 대체로 동조했다'는 의미일 수도 있다. 그렇지만 엄밀한 의미의 '계급'은 의식적으로 행동을 시작하는 그런 주체가 아니다. 집합적 행위자들은 사회적 기반이 있지만, 그 기반 자체가 '행위자'는 아니다. 그러므로 어떤 집합적 행위자의 행위를 언급할 때, 나는 사람들이 어떤 목표를 추구하기 위해 함께 협력하는 바탕이 되는 다양한 종류의 조직과 결사를 언급한다. 때로는 노동조합이나 정당처럼 단단히 묶인 조직일 수 있고, 때로는 집합적 행위자 개념이 연합이나 동맹의 사례처럼 느슨한 형태의 목표 지향적 협력, 또는 심지어 '사회운동' 같은 한층 폭넓은 개념에 적용될 수도 있다. 이 모든 경우에 조직이나 결사, 연합을 구성하는 인간 개인들은 진정으로 의식적으로 행동을 시작하는 주체이지만, 어떤 조직을 통해 행동을 조정하기 위해 한데 모인 사실 때문에 그 개인들의 행동은 이제 단순히 개인적 성격이 아니라 집합적 성격을 갖는다.

집합적 행위자는 해방적 사회 변혁을 위해 결정적으로 중요하다. 3장에서 말한 대로 많은 사회 변화는 인간 행동이 의도하지 않은 부작용으로서 사람들이 '모르는 새에' 벌어진다. 그렇지만 평등/공정, 민주주의/자유, 공동체/연대의 가치를 더욱 잘 실현하는 해방적 사회 변혁이 단순히 인간 행동으로 누적된 의도하지 않은 부산물일 수는 없다. 인간 해방이 실제로 일어나려면 전략이 필요하며, 여기에는 행위가 포함된다. 그리고 이런 전략이 겨냥하는 표적의 일부는 유력한 기관이기 때문에 효과적인 전략에는 집합적 행위가 필요하다. 자, 그렇다면 다시 집합적 행위자들은 어디에 있는가?

이 질문의 답을 구하려면 먼저 세 가지 개념이 필요하다. 집합적 행위자를 형성하기 위한 중첩되는 기반으로 **정체성, 이해관계, 가치**를 생각해야 한다. 정체성은 특히 한 집합적 행위자 안에서 연대를 만들어내는 데 결정적으로 중요하고, 이해관계는 집합 행동의 목표를 구체화하는 데서 핵심이며, 가치는 다양한 정체성과 이해관계를 공통의 의미 안에서 연결하기 위해 중요하다.

정체성

가장 넓은 의미에서 볼 때, **정체성**이라는 용어는 사람들이 자기 삶의 두드러지는 면모라는 기준에서 어떻게 자기와 다른 이들을 분류하는지를 이해하는 데 도움이 된다. 사람들은 성별, 인종, 계급, 성적 지향, 종족, 민족, 종교, 언어, 신체적 장애뿐 아니라 재즈 애호가, 뉴욕 시민, 지식인, 장거리 달리기 애호가, 할아버지, 특정 정치 이데올로기 신봉자 등에 관련된 온갖 종류의 정체성을 지닌다. 이 모든 것(과 훨씬 더 많은 것)이 이런 질문에 대답하면서 나올 수 있다. 당신이 어떤 사람인지를 정의하는 요소는 무엇입니까? 대답은 본질적으로 이중적 성격을 띤다. 내가 누구인지에 관한 어떤 정의든 또한 어떤 다른 사람이 나하고 비슷한지도 정의한다. 그리하여 한 사람의 정체성에는 이런 종류의 여러 범주가 복잡하게 교차한다.

어떤 특정한 사람의 정체성 윤곽을 구성하는 요소들 중에서 하나 또는 한 무리가 맥락에 따라 주관적으로 가장 두드러질 수 있다. 미국 중산층 흑인 남성 재즈 애호가를 생각해보라. 어떤 시간과 장소에서는 재즈 애호가라는 사실이 자기는 누구인가, 누가 자기하고 유사한가에 관해 그 사람이 갖는 인식에서 가장 중요한 문제일 수 있다. 또는 유대 혈통의 세속적 지식인인 독일인을 생각해보라. 1925년에는 독일 지식인이라는 사실이 가장 두드러진 정체성일 수 있었고, 1935년에는 유대인이라는 사실이 가장 두드러진 정체성이 될 수 있었다.

이 마지막 사례를 보면 정체성 개념에서 중요한 어떤 요소가 드러난다. 정체성은 단순히 사람들이 주관적으로 두드러진다고 생각하는 개인의 묘사적 속성이 아니라 사회적 관계나 권력에 밀접하게 연결된다. 여기 이 문제를 분명히 보여주는 일화가 하나 있다.

2007년에 나는 보스니아헤르체고비나의 사라예보에서 일주일을 보냈다. 현대의 여러 문제가 마르크스와 게오르크 빌헬름 프리드리히 헤겔하고 어떤 관련이 있는지를 살펴보는 회의를 조직한 대학 학부생 그룹이 초청한 일정이었다. 나는 회의가 끝난 뒤에도 사라예보에 머무르면서 《리얼 유토피아》에서 살핀 주제들을 다룬 강연과 세미나를 여러 차례 했다. 학생들은 열정적이고 활발했다. 사라예보에 사는 세 종족-종교 집단에 고루 속한 이들이었다. 보스니아계 무슬림, 크로아티아계 가톨릭교도, 세르비아 정교도가 모두 있었다. 어린 시절에 끔찍한 사라예보 포위전을 겪은 학생들은 종족-민족주의에 진저리를 쳤다. 다들 코즈모폴리턴 유럽인이 되기를 필사적으로 원했다. 약속한 일주일이 끝날 무렵 나는 그 학생들 대부분이 무척 가깝게 느껴졌다.

마지막 날 저녁 우리는 펍에 모였고, 내가 그럴싸하게 이야기했다. "여러분도 알다시피, 정체성 면에서 보면 저는 미국 근본주의 기독교인들보다 여러분 전부랑 훨씬 비슷하다고 생각합니다. 그 미국인들은 다른 행성에서 온 사람들 같아요. 여러분은 모두 관심사가 비슷하고, 저랑 핵심적인 가치와 의미 감각을 공유합니다."

학생 그룹에 속한 20대 초반의 젊은 여자가 대꾸했다. "정체성은 그게 전부가 아닙니다. 정체성은 '나는 누구인가?'라는 질문에 내놓는 답이 아니에요. '다른 사람들이 내가 누구라고 말하는가?'라는 질문에 하는 답이죠. 만약 우리가 세르비아 구역으로 다리를 건너가려고 하는데, 선생님이 강도를 당하는 모습을 경찰관이 보면 아마 달려와서 구해줄 겁니다. 그런데 제가 강도를 당하는 광경을 보면 그냥 가버릴 걸요."

나중에 여자가 한마디 덧붙였다. "자유민주주의를 갖춘 부자 나라 사람들이 강제로 정체성을 부여받지 않고 '나는 누구인가?'라는 질문을 던질 수 있는 현실은 커다란 특권입니다. 이 나라에서는 젊은이들이 '자기 정체성을 찾는다'는 생각이 선진국만큼 의미를 갖기 힘들거든요."

이 이야기는 사람들이 주관적으로 두드러지게 생각하는 여러 형태의 정체성 사이에 중요한 대조를 보여준다. 이런 정체성들 중에서 일부는 주로 사람들 사이의 차이, 곧 사람들이 중요하게 생각하고, 정도는 각각 달라도 사람들이 길러내기로 선택하는 차이를 반영하는 반면, 다른 정체성은 사람들이 속한 사회를 통해 일방적으로 부과된다. 나는 사라예보에서 이 학생들을 만나 보낸 일주일을 진보적 지식인이라는 우리의 공통된 정체성을 반영하는 시간으로 경험했다. 우리가 스스로 선택하고 시간이 흐르면서 길러내는 정체성이었다. 반면 학생들은 자기가 거의 통제하지 못하는 강력한 세력이 일방적으로 부과하는 어떤 요소로 정체성을 경험했다. 나는 정체성을 자기 발견으로 보는 내 견해에 고유하게 특권적인 위치가 반영된 사실을 인식하지 못하고 있었다.

물론 현실은 부과된 정체성과 길러낸 정체성의 단순한 대조보다 훨씬 더 복잡하다. 많은 정체성이 부과되는 동시에 길러질 수 있다. 종족은 좋은 사례다. 종족 정체성의 기본 구성 요소는 한 사회의 문화적 관습에 따라 주어질 수 있는데다가 그중 일부는 사람들에게 부과될 수도 있지만, 주어진 종족 정체성의 중요도가 개인적이고 집단적인 실천을 통해 강화되거나 약화되는 정도에는 여전히 상당한 차이가 생길 수 있다. 이따금, 특히 다른 종족 집단을 상대로 벌어지는 갈등에 종족 정체성이 밀접히 연결될 때, 종족 집단 안에서 바로 이 문제를 놓고 격렬한 투쟁이 벌어진다. 1990년대에 유고슬라비아가 해체된 뒤 여러 번 폭력적인 종족-민족주의 충돌이 빚어질 때, 국가가 붕괴하기 전에 종족 간 결혼이 활발히 일어나고 종족 정체성이 상당히 억제된 지역들이 있었다. 정치 공작원들은 종족 정체성을 크게 부각시킬 방편으로 종족 간 경계를 가로질러 공포 분위기를 조성하려고 종족 폭력 행위를 저질렀다. 종족 정체성을 활용하면 종족에 효과적으로 바탕을 두는 집합적 행위자를 형성할 수 있었다. 일반적으로 말하면, 일방적으로 부과된 정체성에 근거를 두는 사회운동은 종종 자기들이 동원하려 하는 정체성을 강화하고 심화하기 위해 상당한 에너지를 쏟는다.

정체성은 집합적 행위자가 형성되는 과정에서 결정적인 구실을 한다. 사람들이 공유하는 정체성은 여러 방식으로 지속적인 집합 행동에 필요한 연대를 촉진하기 때문이다. 지속적인 집합 행동은 온갖 장애물에 직면한다. 특히 만약 사람들이 오로지 협소한 개인적 이기심 때문에 움직인다면, 집합 행동에 참여하는 행위는 종종 여러 모로 값비싼 경험이 될 수 있다. 따라서 이른바 '무임승차'가 생길 수 있다. 방관자처럼 행동하면서 다른 사람이 일을 하고 집합 행동에 참여하는 데 따르는 비용도 감당하게 내버려두는 식이다. 다른 한편, 만약 주된 동기가 한 집단의 성원들을 향한 동료 의식과 '우리 모두 이 일에 참여한다'는 인식의 정체성에 밀접히 관련된다면, 무임승차는 그렇게 절박한 문제가 아닐 수 있다. 공유하는 정체성이 탄탄하면 집합 행동을 함께할지 모를 잠재적 참가자 사이에 신뢰감과 예측 가능성이 높아질 수 있고, 따라서 내구력을 지닌 집합적 행위자가 형성되는 과정이 촉진될 수 있다.

사회적으로 부과된 다양한 형태의 불평등과 지배에 뿌리를 두는 정체성이 해방적인 집합적 행위자의 형성에서 특히 두드러진다. 사람들은 자기가 선택하지 않은 사회 구조 안에서 삶을 살아가며, 정체성은 그런 구조 안에 살면서 겪는 경험을 통해 주요하게 형성된다. 특히 사회 구조는 여러 형태로 엇갈리는 불평등과 지배, 배제와 착취로 특징지어진다. 이런 불평등과 지배, 배제와 착취 때문에 사람들은 삶에서 경멸과 박탈, 무력감, 신체적 불안과 학대 등 실질적인 피해를 경험한다. 이 경험들은 문화적 해석을 통해 공통된 정체성으로 변형되는데, 물론 이런 해석 자체가 논쟁의 대상이 된다. 앞에서 언급한 해방적 사회운동의 사회적 기반, 곧 계급, 인종, 성별, 종족 등은 이런 종류의 정체성에 밀접하게 연결된다.

해방적 사회 변혁에 기여할 수 있는 집합적 행위자를 형성하는 데 관련된 정체성의 또 다른 특징이 있다. 정체성은 시간이 흐르면서 바뀌는데, 이런 변화가 일어나는 한 가지 방식은 사회적 투쟁이 발휘하는 효과를 거치는 경험이다. 사회운동을 비롯한 여러 형태의 집합 행동에 참여하는 생생한 경험은 자기가 누구인지, 그리고 어떤 종류의 사람인지 생각하는 개인의 인식을 바꿀 수 있다. 부분적으로 이런 변화는 단순히 공통의 투쟁 경험을 통해 저절로 생겨나는 결과이지만, 물론 변화된 정체성을 배양하기 위해 고안된 사회운동 안에서 일어나는 폭넓은 문화적 실천과 이데올로기적 실천의 결과이기도 하다. 그 결과는 단순히 그런 투쟁의 사회적 기반을 구성하는 범주들만이 아니라 투쟁을 벌이는 집합적 행위자들, 정당, 사회운동 조직, 노동조합에 밀접하게 연결되면서 배양된 정체성의 형성일 수 있다.

이해관계

이해관계는 정체성에 연결되지만, 그 둘이 똑같지는 않다. 정체성은 주관적으로 두드러지는 사람들의 분류다. 이해관계는 한 사람에게 중요한 어떤 차원에서 그 사람의 삶을 개선하는 요소들을 가리킨다. 이해관계는 사람들이 삶에서 맞닥트리는 문제들을 풀 해법에 기반을 둔다. 반면 정체성은 부분적으로 그런 문제들 때문에 생겨나는 삶의 경험에 기반을 둔다. 노동조합이 노동자들의 이해관계를 도모한다고 말하는 행위는 노동조합 덕분에 노동자를 위한 임금 인상과 노동 조건 개선이 쉬워진다고 주장하는 행동이다. 환경 규제를 축소하는 정부 정책이 일부 투자자들의 이해관계에 기여한다고 말하는 행위는 규제가 없어지면 그 사람들의 투자 수익률이 높아진다고 주장하는 행동이다. 어떻게 보면 이해관계에 관한 주장은 언제나 다른 가능성들이 가져올 효과에 관한 일종의 예측이다.

따라서 사람들은 자기의 이해관계에 관련해 착각을 할 수 있다. 부모는 백신을 접종하면 자폐증이 생긴다는 그릇된 믿음에 빠질 수 있고, 이렇게 되면 결국 자녀의 이해관계를 해친다. 저소득층은 부유층을 위해 세금을 인하하면 가난한 사람들에게 이익이 된다고 믿을 수 있다. 이런 맥락에서 '허위의식'에 관한 발언이 의미를 지닌다. 허위의식은 실제로 무엇이 자기 삶을 개선하는지, 특히 무엇이 어떤 목적을 실현하기 위한 최선의 수단인지를 그릇되게 이해하는 생각이다. 허위의식에

관한 주장 전반이 허위 **정체성**에 관한 주장은 아니다. 허위의
식은 세계가 실제로 어떻게 작동하는지에 관한 부정확한 믿음
을 나타내며, 이런 믿음은 각기 다른 행동 방침이 내는 효과에
관한 부정확한 견해로 이어진다.

어떤 이해관계는 정체성에 밀접하게 연결된다. 트랜스젠
더인 사람은 문화적으로 인정되는 젠더 분류가 다양한 종류
의 편의 시설과 자원을 이용하는 데 영향을 미치는 방식에 관
해 특별한 이해관계를 갖는다. 어떤 나라에서 소수 언어 사용
자는 언어 사용과 교육에 관한 정책뿐 아니라 각기 다른 언어
들의 공식적 지위에 관해서도 특별한 이해관계를 갖는다. 굳
건한 가톨릭 정체성을 지닌 사람은 낙태를 방지하는 정책에
특별한 이해관계를 가진다. 다른 이해관계는 특정한 정체성에
그만큼 밀접하게 토대를 두지 않는다. 사람들이 탄소 배출을
줄이고 기후 변화를 완화하는 정책에 관련해 갖는 이해관계
는 단순히 환경주의자라는 정체성을 지닌 사람들의 이해관계
가 아니다. 그리고 폭넓은 대중이 경제민주주의에 관해 갖는
이해관계는 자본주의적 계급 관계 안에서 사람들이 갖는 특정
한 정체성에 밀접하게 연결되지 않는다.

삶과 정체성은 복잡하기 때문에 사람들은 각기 다른 여러
이해관계를 가지며, 이런 이해관계들은 종종 서로 갈등을 겪
거나 심지어 양립이 불가능하기도 한다. 사람들은 각자의 계
급적 위치, 성별, 건강 상태, 종교, 종족, 민족, 언어, 섹슈얼리

티 등에 연결된 이해관계를 갖는다. 또한 단기적 이해관계와 장기적 이해관계를 가지며, 이 둘은 갈등 관계에 놓이기도 한다. 그 결과 무엇이 자기의 이해관계에 부합하는지를 생각할 때 사람들은 어쩔 수 없이 어떤 이해관계를 전면에 내세우고 나머지는 고려 대상에서 제외해야 한다. 정치적 투쟁에서 중심 문제는 다른 사안이 아니라 어떤 이해관계에 가장 큰 관심을 기울여야 하느냐.

가치

사람들이 '구조화된 의미 있는 세계에서 의식적이고 반성적으로 행동을 개시하는 이들'이라고 말할 때, 우리는 단지 사람들이 의식적으로 행동을 개시하기보다는 '의미 있는 세계'에서 행동을 시작한다고 말하는 셈이다. 어떤 행동의 의미에서 핵심적인 부분에는 가치가 포함된다. 가치란 사람들이 세계에서 어떻게 행동해야 하는지, 그리고 또한 우리의 사회 제도가 어떻게 기능해야 하는지에 연관해서 무엇이 좋은지에 관해 사람들이 갖는 믿음이다.

가치와 이해관계는 복잡한 관계에 놓인다. 투자가 늘어야 경제가 성장하기 때문에 빈곤층을 돕는 최선의 길이라고 말하면서 부유층 세금 인하를 옹호할 때, 정치적 보수주의자들은 일반적인 사회적 가치에 호소하는 셈이다. 빈곤은 나쁘고, 좋은 사회란 가장 불우한 사람들의 삶이 시간이 흐르면서 개선되는 사회라는 말이다. 대부분의 사람들은 이런 가치를 주장하는 데 동의한다. **만약** 부유층 세금 인하가 가난한 사람들을 돕는 최선의 길이라는 주장이 사실이라면, 이런 정책을 지지하는 강력한 이유가 된다. 물론 세금 인하를 둘러싼 이런 견해는 부유층의 이해관계를 고려한 합리화다. 자기 이익을 지키기 위한 핑계로 널리 공유되는 가치에 호소하는 방식은 비교적 쉽다. 좌파에서도 이런 일이 벌어진다. 이를테면 권위주의 국가들은 공산주의의 깃발을 흔들면서 자기 나라는 민주적이며 인민이 통치한다고 주장했다. 이런 이데올로기적 신비화 전략이 효과를 발휘하는 이유는 오로지 가치가 사람들에게 중요하기 때문이다.

가치는 해방 투쟁에서 언제나 결정적인 구실을 했다. 1964년 프리덤 서머Freedom Summer 시기에 투표자 등록을 하려는 아프리카계 흑인들을 도우려고 백인 학생들이 미국 남부로 달려간 이유는, 이런 행동이 자기들의 이해관계에 부합하기 때문이 아니라 평등과 민주주의, 연대의 가치에 몰두한 때문이었다. 아파르트헤이트 반대 투쟁 시기에 미국과 유럽에서는 남아프리카공화국에서 열리는 여러 행사를 보이콧하고 대학을 비롯해 남아공에 투자하는 다른 기관들에 투자 철회를 요구하는 운동이 벌어졌는데, 참가자들의 이해관계가 아니라 추구하는 가치에 기반한 투쟁이었다. 물론 사람들이 사회적 투쟁에 참여하는 이유는 투쟁의 목표가 자기의 이해관계에 부합하기 때문이기도 하지만, 도덕적 헌신과 가치 덕분에 참여가 강화되고 대의가 지닌 호소력이 넓어지기도 한다.

그리하여 가치는 동기 부여의 강력한 원천이 될 수 있다. 무엇보다도 가치 자체가 탄탄한 정체성의 원천이 될 수 있다. 이런 가치들이 어느 정도 체계적인 한 무리의 사고에 통합되면 이데올로기의 차원으로 간주될 수 있다. 해방적 이데올로기는 세계가 어떻게 작동하는지에 관한 여러 설명을 결합하고, 어떤 대안이 가능한지를 설명하며, 가치를 확인한다. 이런 이데올로기는 매우 정교하기도 하고, 느슨하게 구성되기도 한다. 여러 가지 내적 불일치로 채워지는 사례도 많다. 그렇지만 일치하지 않는 내용이 있더라도 이데올로기는 사람들의 정체성을 구성하는 중요한 차원이 될 수 있다.

정체성과 이해관계, 가치에서 집합적 행위자로

정체성과 이해관계, 가치가 저절로 집합적 행위자의 형성을 촉진하지는 않는다. 해방적 사회 변혁에 기여할 수 있는 정치적으로 조직화된 집합적 행위자는 말할 것도 없다. 사람들이 언제나 남들하고 공통으로 정체성과 이해관계, 가치를 갖는 사실은 맞지만, 이런 요소들이 반드시 응집력 있는 형태의 집합적 조직으로 전환되지는 않는다. 게다가 한 사람의 정체성

을 구성하는 어떤 측면이 연대로 전환되고 어떤 이해관계와
가치가 그런 측면의 관심을 끌어모으는지는, 이해관계와 가치
를 추구하기 위해 정체성을 결집시키려는 집합적 행위자들이
이미 존재하는지에 따라 크게 좌우된다. '닭이 먼저냐 달걀이
먼저냐' 하는 문제하고도 같다. 정체성은 집합적 행위자의 형
성에 결정적으로 중요하지만, 집합적 행위자는 특정한 정체성
이 특히 두드러지게 만드는 데 적극적인 구실을 한다. 사회적
투쟁은 대개 동일한 사람들을 결집시키려 노력하면서 대립하
는 기반을 둘러싸고 벌어진다. 계급이나 민족, 종교가 대표적
인 예다. 그리고 물론 대부분의 사람들은 정치적 성격을 띠든
시민적 성격을 띠든 조직화된 집합적 행동에 뚜렷하게 참여하
지 않은 채 개인적인 삶을 산다.

　자본주의를 잠식하려는 정치적 기획은 무엇이든 간에 바
로 이런 지형 위에서 작동해야 한다. 이 지형은 지속적인 정치
행동을 벌일 수 있는 집합적 행위자를 구성하는 과제에 세 가
지 주요한 도전을 제기한다. 첫째, 사유화된 삶 극복하기, 둘
째, 복잡하고 파편화된 계급 구조 안에서 계급적 연대 구축하
기, 셋째, 다양하고 상충하는, 계급에 기반하지 않는 여러 형
태의 정체성이 존재하는 속에서 반자본주의 정치 만들어내기.

사유화된 삶의 극복
대부분의 사람들은 보통 가족과 노동, 지역 사회의 네트워

크 속에 살면서 어떤 정치 지향적 집합적 행위자의 지지 기반으로 동원되지 않은 채 일상생활을 하다가 부딪히는 현실적 문제들을 처리한다. 특히 가정과 자녀를 갖게 되면 일상생활에서 벌어지는 일들이 엄청난 양의 시간과 에너지, 관심을 차지한다. 대개 이런 책임에서 상대적으로 자유로운 젊은이들이 항의 운동과 정치적 동원의 주축이 되는 현상은 당연하다.

개인의 삶과 공적 참여를 가르는 심연은 언제나 문제가 된다. 개인의 행복과 안녕이 주로 개인적 소비 수준에 크게 좌우된다고 믿게 만드는 소비주의 사회에서, 특히 개인적 소비 수단을 획득하는 일이 남들을 상대로 경쟁하는 능력에 좌우되는 고도 경쟁의 노동 시장과 이 사회가 결합될 때는 이 문제가 더욱 어려워진다.

자기 삶을 사는 개인의 시간과 에너지의 제약이라는 보편적 문제가 소비주의와 경쟁적 개인주의라는 특수한 문제하고 결합하면, 현대 자본주의 국가에서는 응집력 있는 정치적인 집합적 행위자를 동원하기 어려운 환경이 조성된다. 역사적으로 보면 사람들의 일상생활을 통합하는 다양한 종류의 시민 결사체들 덕분에 이런 난점이 어느 정도 완화됐다. 많은 곳에서 노동조합과 교회라는 두 결사체가 특히 두드러진 구실을 했다. 힘 있는 노동조합은 정치와 노동자의 일상생활 사이에서 탄탄한 다리가 된다. 자본주의에 비판적인 진보 정당이 대체로 노동 운동하고 탄탄한 연계를 맺는 현실은 우연의 일치가 아니다. 각기 다른 시간과 장소에서 교회도 이런 구실을 했다. 비록 진보 정치보다는 보수 정치에 기여하기는 했지만 말이다. 사람들은 일상생활의 일환으로 교회에 모인다. 교회 행사에서 만나 서로 이야기를 나눈다. 종교에 기반을 둔 두드러진 정체성을 공유한다. 그리고 이따금 교회는 정치 조직화에 직접 관여하면서 종교적 정체성을 정치적 이해관계에 연결함으로써 성원들이 순전히 개인적인 관심사를 극복하도록 돕는다. 미국 남부의 흑인 교회들은 시민권 시대에 진보 정치를 위해 이런 구실을 했다. 오늘날 백인 복음주의 교회들은 종교적 정체성을 우파 정치에 연결함으로써 성원들의 탈정치적이고 사유화된 삶을 극복하는 데서 이런 구실을 한다.

파편화된 계급 구조

계급은 자본주의 잠식하기라는 전략적 지형에서 핵심을 차지한다. 자본주의 잠식하기는 전반적인 경제 생태계 안에서 시간이 흐르며 자본주의의 지배를 허물어트리는 과정을 의미하는데, 그러려면 결국 자본가들의 권력을 허물어트려야 한다. 이런 투쟁에 어울리는 가장 자연스러운 사회적 기반은 계급 관계 안에서 자본주의의 지배와 착취에 직접적으로 종속되는 사람들, 곧 노동 계급이다. 자본주의적 관계 안에서 노동자들이 직접 겪는 지배와 착취는 확고한 노동 계급 정체성을 형성하는 데 적합한 배경을 제공할 수 있다. 따라서 노동자들의 정체성-이해관계는 평등과 민주주의, 연대의 가치에 연결되는 더욱 보편적인 이해관계를 끌어안는 진보 정치의 핵심을 형성하게 된다.

앞서 지적한 대로 19세기 중반에 마르크스는 자본주의의 밑바탕을 형성하는 동학 때문에 자본주의 사회에 속한 사람들이 이런 방향으로 밀려나게 된다고 믿었다. 특히 마르크스는 시간이 흐르면서 절대 다수의 사람들이 상대적으로 균일한 존재 조건을 공유하는 상황에서 자본주의의 계급 구조가 점차 단순해지면서 계급 정체성 형성이라는 과제를 실현하기가 쉬워진다고 믿었다. 노동자들이 자본주의 아래에서 공통으로 겪는 경험의 원인을 이해하게 만들려면 이데올로기 투쟁이 여전히 필요할 테지만, 근원적인 계급 구조가 바뀌면 이런 과제를 실현하기가 쉬워지게 된다. 시간이 흐르면서 노동 계급은 자본주의에 맞서 강력하게 조직화된 정치적인 집합적 행위자를 형성하기 위한 응집력을 지닌 사회적 기반이 될 수 있다. 《공산당 선언》의 유명한 마지막 문장에는 이런 예측의 열망이 고스란히 담겨 있다. "프롤레타리아가 잃을 것은 족쇄뿐이요, 얻을 것은 세계다. 만국의 노동자들이여 단결하라!"

그렇지만 지난 150년 동안 자본주의의 계급 구조는 이런 식으로 발전하지 않았다. 노동 계급이 점차 균일해지는 대신에 계급 구조가 더욱 복잡해져서 운명과 생활 조건에 관한 공통의 인식이 줄어들었다. 지난 수십 년 동안 많은 선진 자본주의 국가에서 소득 분배가 상당히 양극화돼 '우리는 99퍼센트다'는 구호가 힘을 얻게 된 변화는 사실일지 몰라도, 이 99퍼센트가 공통의 생활 경험을 공유하지는 않는다. 그 99퍼센트의 부분 집합이 노동 시장에서 자기 노동력을 판매하는 임금소득자(폭넓게 정의된 노동 계급)로 구성된다고 보더라도, 실제로 겪는 경험은 대단히 파편적이기 때문에 공통된 계급 정체성을 만들어내기가 어렵다. 이런 복잡성 중에 몇 가지만 꼽아보자. 노동자가 실제로 겪는 경험은 소득 수준과 안정성, 고용 불안, 직장 안 자율성, 직장 안에서 요구되는 기술 수준과 교육, 창의성을 발휘할 기회 등 여러 면에서 무척 다양하다.

3장에서 설명한 게임 비유를 활용하자면, 노동 계급이 '게임' 수준에서는 공통 이해관계를 공유할지 몰라도(자본주의의 해방적 대안으로서 경제민주주의는 모든 노동자의 생활을 개선할 수 있다), 규칙 수준과 게임의 동작 수준에서는 더더욱 각기 다른 이해관계로 파편화된다. 자본주의 안에서 나타나는 경제적 투쟁은 대부분 게임의 동작과 규칙을 둘러싸고 벌어지며, 따라서 이런 투쟁은 종종 노동 계급의 분할을 누그러뜨리기보다는 강화한다. 많은 사람이 여전히 계급을 두드러진 정체성으로 경험하지만, 계급은 진보주의자들이 한때 기대한 연대를 형성하기 위한 보편화의 토대를 제공하지는 않는다.

경쟁하는 정체성의 원천들

정치적으로 확고하게 반자본주의적인 집합적 행위자들의 형성을 가로막는 셋째 주요한 도전은 사람들의 삶에서 두드러지는 정체성의 원천이 이질적이라는 사실에 관련된다. 무엇이 문제일까? 반자본주의는 본질적으로 하나의 계급적 기획이지만, 계급 정체성은 해방적인 집합 행동을 위한 토대의 자리를 놓고 온갖 종류의 다른 정체성을 상대로 해 다양한 방식으로 경쟁한다.

첫째 추정으로 우리는 두 상황을 구분할 수 있다. 몇몇 비계급 정체성이 해방 투쟁을 위한 별개의 토대를 형성하고 진보 정치를 구성하는 요소가 될 가능성은 있다. 반면 다른 비계급 정체성들은 기성 사회 구조와 제도를 대체하려는 해방적 대안에 적대적인 이해관계를 만들어냄으로써 장애물이 된다.

지난 수십 년 동안 진보 정치가 드러낸 특징의 하나는 계급보다는 지배와 불평등, 배제의 생생한 경험에 뿌리를 두는 정체성이 중요하게 부각된 점이다. 현대의 익숙한 사례로 인종, 종족, 젠더, 섹슈얼리티 등이 있다. 사회운동을 비롯해 이런 정체성들에 근거를 두는 여러 형태의 집합적 행위자들이 공공연하게 계급에 바탕을 두는 반자본주의의 집합적 행위자보다 한층 더 정치적으로 두드러지는 일이 많았다.

이런 비계급 정체성에 직접 연결되는 이해관계는 계급적 이해관계하고 똑같지는 않지만, 그런 이해관계에 연계되는 **가**

치는 해방적 반자본주의의 가치하고 중첩된다. 인종 억압에 뿌리를 둔 정체성을 생각해보라. 억압받는 소수 인종은 인종 차별과 지배를 끝장내는 데 정체성-이해관계를 갖는다. 이런 정체성-이해관계는 노동 계급의 이해관계하고 같지 않다. 때로는 실제로 소수 인종의 정체성-이해관계와 노동자의 정체성-이해관계 사이에 긴장이 발생하기도 한다. 인종 차별에 맞선 투쟁이 백인 노동자들을 둘러싼 노동 시장 경쟁의 직접적인 상태에 영향을 미칠 때가 그런 경우다. 그렇지만 이 두 이해관계는 행복한 삶을 누리는 데 필요한 물질적 수단과 사회적 수단에 다가갈 동등한 접근권이라는 평등주의의 가치를 공유한다. 젠더와 섹슈얼리티에 결합된 억압에 관련된 피해도 마찬가지다. 이런 피해는 별개의 정체성-이해관계를 낳지만 해방적 반자본주의하고 동일한 근본적인 평등주의의 가치를 공유한다. 따라서 가치는 이런 다양한 정체성을 가로질러 정치적 통일성을 구성하기 위한 잠재적 토대가 된다.

탄탄한 반자본주의 집합적 행위자를 구성하려는 시도는 모두 이렇게 교차하는 여러 정체성, 근원적인 해방의 가치를 공유하면서도 별개의 정체성-이해관계를 갖는 정체성들의 복잡한 지형을 헤쳐 나가야 한다. 잠재적으로 한층 더 어려운 문제는 반자본주의하고 결부되는 가치에 철저하게 적대적인 정체성-이해관계를 갖는 비계급적 정체성에 관련된다. 21세기의 처음 몇 십 년 동안, 선진 자본주의 세계 전역에서 인종 지배와 배타적 민족주의에 뿌리를 두는 정체성이 특히 두드러진다. '우파 포퓰리즘'이라는 이름을 얻게 된 이념은 이런 배타적 정체성에 연결된 이해관계의 토대 위에서 사람들을 결집시킨다. 노동 계급의 많은 구성 부분이 이런 종류의 정치 조직에 끌리는 현실은 모든 형태의 해방적 반자본주의가 내건 전망에 직접적인 도전이 된다.

이렇게 우파 포퓰리즘이 급증하는 현상을 폭넓고 유독한 인종주의 정체성과 배타적 민족주의 정체성으로 접근하는 결과로 보기는 쉽지만, 그런 단순한 판단은 잘못이다. 확실히 소수 인종과 이민자 등을 향한 반감을 핵심 정체성으로 삼으면서 이런 정치 운동에 이끌리는 사람들이 있다. 그렇지만 결국 우파 포퓰리즘 정치를 지지하는 많은, 아니 대부분의 사람들에게 정체성의 이런 측면들이 전면에 대두되는 현상은 정치적 배경과 대안적 선택지의 부재가 낳은 결과다. 1990년대를 시작으로 전통적으로 노동 계급에 연결된 정당들이 각기 정도는 달라도 대부분 신자유주의의 핵심 사상을 받아들였다. 가능한 경우에는 어디에서나 경제의 역동성을 키우고 사회 문제를 해결하는 방법으로서 시장과 사기업이 직접적인 국가 프로그램을 대체해야 한다는 사상 말이다. 이 정당들이 대부분의 노동 계급이 누리는 삶의 질을 개선하지 못하는 사이에 환멸이 커지면서 생긴 공백을 우파 포퓰리즘이 파고들어 인기를 모았다. 따라서 배타적 민족주의와 인종주의가 대부분의 지역에서 정체성의 문화적 풍경을 구성하는 일부이기는 하지만, 이런 현상이 어느 정도나 전면에 대두되는지, 아니면 물밑으로 가라앉는지는 정치에 따라 달라진다.

현실 정치

정치적으로 유효하게 조직화되는 집합적 행위자의 형성은 자본주의를 잠식하기 위해 필수적이다. 그리고 자본주의에 반대하는 집합적 행위자를 구축하려 노력하는 정치 활동가들은 어디에서나 사유화된 삶과 파편화된 계급 구조, 경쟁하는 여러 정체성 등의 장애물에 맞닥뜨린다. 이런 장애물들은 보편적인 쟁점이다. 그렇지만 이런 장애물들을 극복하는 최선의 방법을 찾는 현실적 과제는 상황에 따라, 그리고 시간과 장소에 따라 아주 많이 달라진다.

폭넓게 공유되는 문화의 특징으로서 경쟁적 개인주의는 다른 어떤 나라보다도 미국에서 두드러지는데, 사유화된 삶 때문에 생겨나는 과제들을 더욱 강화한다. 선진 자본주의 국가들 안에서도 계급 구조 파편화의 강도와 형태, 불안정성의 정도와 분포, 노동 계급 내부 불평등의 정도에는 상당한 차이가 나타난다. 진보적이고 정치적인 탄탄한 집합적 행위자의 형성을 가로막는 두드러진 장애물로서 인종주의가 얼마나 중요한 요인인지는 나라에 따라 분명 다르다. 지난 수십 년 동안 아프리카와 중동에서 유럽으로 향하는 이민이 급속하게 늘어나면서, 특히 중동 지역에서 벌어진 여러 전쟁 때문에 난민 위기에 직면하자 유럽에서도 인종주의가 점차 부상하기는 하지만, 역사적으로 볼 때 인종주의는 미국에서 두드러진 현상이었다. 20세기 중반의 유럽을 보면 대부분의 장소에서 인종주의에 맞선 싸움은 반자본주의 행위자들이 주요하게 맞닥트리는 문제가 아니었다. 그렇지만 지금은 상황이 다르다. 따라서 사유화된 삶과 파편화된 계급 구조, 경쟁하는 정체성 등이 제기하는 과제는 여러 모로 달라진다.

더욱이 집합적 행위자의 형성을 위한 사회적 맥락에서 나타나는 차이말고도 진보 정치 활동가들의 무대인 각국의 정치 제도마다 엄청난 차이가 드러난다. 이런 차이 때문에 집합적 정치 행위자를 형성하는 과정에서 활동가들이 맞닥트리는 현실적 문제가 크게 달라진다. 이런 사실은 선거 정치 안에서 국가 권력을 장악하기 위해 효과적으로 경쟁할 수 있는 장기적인 정치 역량을 구축하는 데 특히 중요하다. 자본주의를 잠식하려면 국가를 활용해서 자본주의를 길들이고, 누적적인 방식으로 자본주의 경제 관계의 핵심 측면들을 해체할 수 있어야 하기 때문이다. 국가 외부에서 벌이는 항의 시위와 동원은 몇몇 국가 정책을 막는 데 효과적일 수 있지만, 게임 규칙을 진보적인 방식으로 확실히 바꾸는 데는 그것 자체로 효과적이지 않다. 이런 변화를 달성하려면 필요한 입법을 통과시키고 새로운 게임 규칙을 실행할 수 있는 정당과 외부의 항의 시위를 연결해야 한다. 그리고 이렇게 하려면 선거 정치에서 효과적으로 경쟁할 수 있는 정당이 필요하다.

이런 정치 역량을 창조하는 과정은 다음 같은 정치적 게임 규칙에 크게 영향을 받는다.

- **정치적 대표에 관한 규칙**: 승자 독식 소선거구제, 즉석 결선 투표제*를 포함한 결선 투표 방식 소선거구제, 다양한 형태의 비례대표제, 비정당 선거제 등.
- **선거구 경계 획정에 관한 규칙**: 정당이 관리하는 게리맨더링, 독립 위원회.
- **후보자 선출에 관한 규칙**: 정당이 후보 선출을 관리하는 방식, 유권자가 후보를 뽑는 예비 선거(국민 참여 경선) 방식, 청원 서명을 통해 후보가 선출되는 비정당 선거 방식.
- **선거 운동 자금에 관한 규칙**: 대기업 기부를 금지하는 등 사적인 선거 자금 조달을 규제하는 정도, 다양한 형태의

---

* 일반 결선 투표제는 과반수 득표자가 나오지 않으면 다시 결선 투표를 하기 때문에 비용과 시간이 많이 든다. 즉석 결선 투표제는 처음에 투표할 때 모든 후보자에게 순위를 매겨 투표해서 1위 기표 수를 우선 집계하는 방식이다. 여기서 과반수 득표자가 나오지 않을 때는 최저 득표자를 탈락시키고 다시 1위 기표 수를 집계해 당선자를 정한다 — 옮긴이

선거 공영제.

• **투표 자격에 관한 규칙**: 모든 성인 시민의 자동 등록제, 유권자 등록을 제한하거나 억제하는 여러 규정(중범죄자 참정권 박탈, 투표자 신분 확인법, 선거인 명부 삭제 등).

이런 규칙 등은 진보 활동가들이 효과적인 정치적 집합 행동 역량을 확대하려 노력하는 과정에서 맞닥트리는 과제와 곤란에 상당한 영향을 미친다. 반자본주의 진보 활동가들은 기성 좌파 정당과 중도 좌파 정당 안에서 일해야 하는가, 아니면 새로운 당을 결성해야 하는가? 지방이나 지역, 국가 수준의 정치적 논쟁 중에서 어디에 노력을 집중해야 하는가? 진보적 사회운동과 정당 사이에 어떤 종류의 유대가 있어야 하나? 사회적 배경과 정치적 제도가 모두 복잡하고 변화무쌍하기 때문에 이런 질문들에 답하는 일반적 공식은 있을 수 없다.

일반적 공식은 없지만, 그렇더라도 자본주의를 효과적으로 잠식할 수 있는 집합적 행위자를 형성하기 위한 우리의 분석에서 몇 가지 지침을 정식화할 수는 있다.

첫째, 가치에 관한 논의가 진보 정치의 핵심을 차지해야 한다. 1장에서 살펴본 세 가지 가치군, 곧 평등/공정, 민주주의/자유, 공동체/연대를 분명히 밝히고 설명해야 한다. 물론 가치에 관한 논의는 거창하지만 공허한 겉치레가 될 수 있다. 이런 가치들이 급진적인 경제민주주의를 진전시키는 구체적 정책에 어떤 관련이 있는지를 강조하는 일이 중요하다.

둘째, 이 가치들은 자본주의 잠식하기의 핵심에 자리한 계급적 이해관계와 해방적 열망을 지닌 다른 정체성-이해관계 사이에 결정적으로 중요한 연계를 제공할 수 있다. 이른바 억압받는 사회 집단들의 '정체성 정치'는 부차적 관심사가 아니라 폭넓은 해방 정치를 구성하는 필수적 요소로 간주돼야 한다. 자본주의의 지배를 잠식하기 위한 정치를 건설하려 노력하는 진보적 반자본주의자들에게는 이런 정체성-이해관계를 인정하는 분명한 개혁 프로그램을 포용하고 자본주의 잠식하기의 의제에 연결하는 과제가 주어진다. 특히 행복한 삶을 누리는 데 필요한 사회적 조건과 물질적 조건에 다가갈 동등한 접근권을 적극적으로 존중할 필요가 있다.

셋째, 적어도 오늘날 진보 정치의 구체적 프로그램을 명확히 표현하는 과정에서 민주주의의 가치를 특히 강조해야 한다. 심화된 민주주의, 곧 실질적 민주주의는 노동 계급을 넘어서서 인구의 폭넓은 부분에 이익이 된다. 자본주의 국가들 안에서 민주주의가 빈약한 사실은 자본주의의 지배를 축소하는 정책이 진전하지 못하게 가로막는 주요한 장애물 중 하나이지만, 민주주의를 복원하고 심화하려는 노력은 또한 전반적인 반자본주의 의제에 별로 공감하지 않는 사람들까지 아우르는 목표가 된다.

넷째, 자본주의 잠식하기라는 전반적인 계획이 오로지 국가 중심적인 전략이 아니라는 점, 그리고 정당이 이런 전략을 실행하는 데 필요한 유일한 집합적 행위자가 아니라는 점을 기억하는 일이 중요하다. 자본주의 잠식하기는 자본주의 길들이기와 자본주의 해체하기의 집중된 정치만큼이나 자본주의에 저항하기와 자본주의에서 벗어나기에도 의존한다. 특히 피투피 협동 생산처럼 정보기술을 기반으로 한 관계 덕분에 가능성이 열린 일련의 새로운 경제적 실천, 사회/연대 경제, 협동적 시장 경제 등을 구축하고 확대하려는 노력이 이렇게 장기적인 잠식을 위해 필수적이다. 자본주의 잠식하기는 국가가 공급하던 공적 재화와 서비스를 사유화하는 추세를 역전시킴으로써 자본주의를 침식하는 동시에 국가 외부에서 비자본주의적 경제 활동의 다양한 형태를 확대하는 흐름을 의미한다는 점을 상기하자. 규모의 경제를 축소하고 협동을 촉진하는 새로운 기술 발전 덕분에 경제 생활을 조직화하는 이런 비자본주의적 방식이 성장할 가능성이 크다. 이렇게 아래에서 생겨나는 선도적 기획들의 중요성을 인식하고, 이 기획들이 성장할 경제적 공간을 확대하는 개혁 정책을 정식화하면, 자본주의 잠식하기라는 폭넓은 의제를 실현하기 위한 사회적 기반이 심화된다.

* * *

오늘날 선진 자본주의의 민주주의 사회에는 정치경제 체제가 제대로 작동하지 않으며, 어쩌면 허물어지고 있다는 인식이 널리 퍼져 있다. 국가와 경제 모두 우리가 직면하는 여러 과제에 응집력 있고 창의적으로 대응할 수 없어 보인다. 기후 변화를 야기하는 근본적인 원인들을 완화하는 일은 고사하고 기후 변화가 미치는 영향에 적응하는 일이든, 전쟁 난민과 경제 난민에 더해 기후 난민이 발생하면서 앞으로 몇 십 년 동안 격화될 가능성이 높은 전지구적인 난민 사태든, 부자 나라들 내부에서 증대하는 경제 양극화든, 자동화와 인공 지능 때문에 생겨날 '일자리 없는' 미래나, 시장에서 생겨나는 일자리라고 해야 임금을 넉넉히 주면서 터무니없이 많은 교육과 지식을 요구하거나 몇 푼 쥐여주는 불안정한 일자리밖에 없을 미래든 말이다. 오늘날 존재하는 자본주의는 이 모든 문제에 효과적으로 대처하려는 시도를 가로막는 주요한 장애물이다.

이런 추세에 맞선 한 가지 대응은 암울한 비관이다. 자본주의는 난공불락처럼 보인다. 전통적 정당들이 혼란에 빠지고 어떤 곳에서는 해체되면서 정치적 무력감과 마비 상태가 생겨나고 있다. 그리하여 우파 토박이 포퓰리즘이 부상할 수 있는 기회가 찾아든다. 자유민주주의가 잠식되는 흐름이 빨라지면서 명목상으로는 여전히 민주주의라 하더라도 한층 더 권위주의적인 형태의 정부로 변신하는 미래를 쉽게 상상할 수 있다. 서유럽 주변부의 몇몇 자본주의 민주주의에서는 이런 상황 전개가 이미 분명하게 나타난다. 가장 안정된 자유민주주의라고 여겨진 나라들에서도 확실이 이런 변화가 일어날 수 있다.

그렇지만 이런 변화가 유일한 가능성은 아니다. 현재 존재하는 자본주의가 반드시 우리의 미래일 필요는 없다. 대안 체제가 생명력이 있는지 확신하지 못하는 상황에서도 자본주의를 향한 대중의 불만은 널리 퍼져 있다. 경제 생활을 조직화하는 새로운 방식을 구축함으로써 대기업 자본주의의 약탈에서 벗어나려는 활력 넘치는 시도들을 어디에서나 찾아볼 수 있다. 그리고 새로운 정치 구조를 만들어내려는 진지한 시도들이 존재한다. 때로는 전통적 좌파 정당 안에서, 때로는 새로운 정당의 형태로 나타난다. 진보 정치의 새로운 시대를 위한 폭넓은 사회적 기반을 구축할 수 있는 잠재력이 존재한다. 역사적 사건들의 우연성에 따라, 활동가들과 집합적 행위자들이 감행하는 창의적 행위에 힘입어, 이 잠재력이 실현될지 아니면 소멸될지가 결정되리라.

에릭 올린 라이트(1947~2019)

2019년 1월 23일 새벽, 우리 시대의 위대한 사회과학자로 손꼽히는 이가 숨을 거뒀습니다. 71세 나이로 영향력이 정점에 오른 순간에 세상을 떠났습니다. 세계 곳곳에서 찬사가 쏟아졌습니다. 정치인과 활동가, 공저자와 동료, 과거와 현재의 제자, 개인적으로 알거나 알지 못하는 사람들에게서. 지적인 명민함만이 아니라 인간애에도 바치는 찬사였습니다.

에릭 올린 라이트는 열 달 동안 급성 골수성 백혈병에 맞서 싸우며 특유의 낙관주의와 두려움 없는 현실주의 사이에서 균형을 유지했습니다. 서서히 생명이 꺼져가는 상황에서도 더 나은 미래를 위한 싸움을 멈추지 않았습니다. 손주들에게 긴 편지를 쓰기 시작했고, 제자들이 지적으로나 물질적으로 보살핌을 잘 받을 수 있게 관심을 기울였으며, 22년 동안 학문적 고향으로 삼은 위스콘신 대학교 사회학과의 미래를 걱정했죠. 에릭은 자기가 죽어도 헤이번스 센터Havens Center가 계속 남아 있기를 바랐습니다. 지금은 헤이번스라이트 센터Havens Wright Center로 이름이 바뀐 이 연구소는 에릭이 설립해서 35년간 이끈 곳으로, 세계 곳곳에서 온 진보적 사상가들을 넉넉히 품어

줬습니다. 그리고 물론 자본주의의 가능한 미래를 탐구하는 일에 쏟는 관심을 결코 포기하지 않았습니다. 새 세대 사회주의자들에게 이어진 희망의 끈을 계속 부여잡았고, 반자본주의에 관한 글을 열정적으로 실은 젊은 잡지 《자코뱅Jacobin》 덕분에 힘을 얻었습니다. 에릭은 죽어가는 와중에도 알렉산드리아 오카시오-코르테스Alexandria Ocasio-Cortez와 미국민주사회주의자모임Democratic Socialists of America이 부상하는 모습을 희망찬 눈으로 지켜봤습니다.

숨을 거두는 순간까지 여전히 낙관주의자이자 현실적인 유토피아주의자였습니다. 그 모든 모습은 마지막 열 달 동안 병세의 오르내림을 좇으면서 수백 명이 읽은 정성 어린 블로그에 담겨 있습니다.

급진적 마르크스주의자가 되기 전 시절, 에릭은 하버드 대학교에서는 탤컷 파슨스Talcott Parsons의 구조기능주의에, 옥스퍼드 대학교에서는 스티븐 루크스Steven Lukes의 정치사회학과 크리스토퍼 힐Christopher Hill의 사회사에 영향을 받았고, 두 대학에서 학사 학위를 받았습니다. 베트남 전쟁 징병을 피하려고 버클리에 자리한 유니테리언 신학대학에 입학했습니다. 그곳에서 유토피아와 혁명에 관한 세미나를 조직해 운영했습니다. 이 주제에는 20년 뒤 다시 관심을 갖게 됩니다. 1971년, 버클리에 계속 머무르면서 캘리포니아 대학교 사회학과 박사 과정에 들어갔습니다. 그 세대의 버클리 대학원생들에게 마르크스주의와 사회학은 동반자인 동시에 적수가 만난 골치 아픈 결합이었습니다. 에릭과 동료 대학원생들은 정규 과목하고 나란히 마르크스주의 사회과학에 전념하는 독자 교과 과정을 시작했습니다. 《카피탈리스테이트Kapitalistate》나 《사회주의 혁명Socialist Revolution》 같은 지역 잡지에 연계된 과정이었죠.

마르크스주의는 사회학을 거꾸로 뒤집었습니다. 계층화와 지위 연구는 계급 관계 연구가 됐습니다. 정치사회학은 자유민주주의를 향한 집착에서 자본주의 국가 이론으로, 전체주의 이론에서 국가사회주의의 계급적 성격으로 변신했습니다. 경제사회학은 산업주의의 기본 가치에서 자본주의의 동학으로, 조직 이론은 공허한 일반론에서 자본주의적 노동 과정 연구로 옮겨갔습니다. 그리고 교육사회학은 학습 연구에서 계급 재생산으로 옮겨갔고, 집합 행동의 비합리성은 사회운동의 합리성으로 대체됐습니다. 인종적 편견 연구와 인종 순환론은 인종 억압과 내부 식민주의 연구로 대체됐고요. 근대화 이론은 세계 체계 분석과 제국주의 비판에 길을 내줬고, 사회주의 페미니즘이 득세하는 사이에 가족사회학은 사회화에서 재생산 노동으로, 성별 역할에서 가부장제의 편재성으로 초점을 이동했습니다. 요컨대 마르크스주의 이론이 난해한 구조기능주의를 밀어냈고, 미국 사회 비판이 사회학의 자기만족적인 미국 사회 찬미를 대체했습니다. 1970년에 앨빈 굴드너Alvin Gouldner는 서구 사회학에 위기가 도래하고 있다고 제대로 예측했지만,

마르크스주의가 사회학에 르네상스를 일으키리라는 사실은 미처 예상하지 못했습니다.

에릭은 사회학에 다시 흥분을 일으키는 데 주요한 구실을 하게 됩니다. 훗날 비극적인 다이빙 사고로 일찍 세상을 뜬 가까운 이탈리아인 친구 루카 페로네Luca Perrone하고 함께 에릭은 모순적 계급 위치라는 유명한 기획을 발전시켰습니다. 이 기획 덕분에 마르크스주의자들은 기본적인 자본-노동 이분법을 넘어서 프티부르주아지, 소고용주, 경영자와 관리자, 전문직까지 아우를 수 있었습니다. 에릭은 영어권의 으뜸가는 마르크스주의 잡지인 《뉴레프트 리뷰》와 주요한 사회학 전문 학술지인 《미국 사회학 평론American Sociological Review》에 동시에 계급 구조의 이런 미묘한 해체를 처음 소개했습니다. 그리고 계속해서 《계급, 위기, 국가Class, Crisis and the State》*(1978)를 통해 본격적으로 마르크스주의적인 사회학 다시 쓰기에 공을 들였습니다. 이 책은 불복종하는 세대의 마음을 순식간에 사로잡았습니다. 혁신적인 이론과 탄탄한 경험주의, 논리적 논증을 독특하게 결합한 시도였거든요. 일찍이 본 적 없는 마르크스주의 장르였죠.

사회학과 마르크스주의는 적수일 뿐 아니라 경쟁자이기

---

* E. O. 라이트 지음, 김왕배·박희 옮김, 《국가와 계급구조》, 화다, 1985 — 옮긴이.

도 했습니다. 에릭은 자기의 계급 도식이 사회학자들의 계층화 모델이나 경제학자들의 인적 자본 모델, 그리고 심지어 그때 한창 유행하던 니코스 폴란차스^{Nicos Poulantzas}의 마르크스주의 도식보다도 불평등, 특히 소득 불평등을 더욱 잘 설명한다는 점을 입증하는 일에 팔을 걷어붙였습니다. 에릭이 거둔 성공은 저절로 추진력을 얻었습니다. 얼마 지나지 않아 전국적 조사를 진행할 기금을 확보했고, 그 덕분에 계급 구조 지도와 계급 의식 측정치를 작성할 수 있었습니다. 에릭이 한 이런 시도에 고무돼 세계 곳곳의 15개국이 넘는 나라에서 비슷한 프로젝트가 진행됐습니다. 에릭은 사회과학의 도구를 사용해서 전통적인 패러다임 대신 자본주의에 관해 사고하는 새로운 방법을 제시했습니다.

계급과 계급의 효과를 측정하는 작업을 하는 동시에 에릭은 분석마르크스주의자를 표방하는 저명한 철학자와 사회과학자 집단에 합류했습니다. 그 집단은 마르크스주의에서 이른바 필요 없는 똥(철학적 헛소리나 논리 비약, 소망적 사고 등)을 치워버리는 목표를 추구했습니다. 종종 방법론적 개인주의나 합리적 선택 이론에 바탕을 둔 엄격한 과학을 정립하려는 생각이었죠. 대부분의 성원이 이미 마르크스주의에 등을 돌린 뒤에도 이 집단의 연구 방식은 그대로 남아서 에릭이 생명을 다하는 순간까지 모든 저술에 지워지지 않는 흔적을 남겼습니다. 1980년대 초에 에릭은 필요 없는 똥을 치워버린 마르크스주의의 주요 공헌자인 존 로머John Roemer와 로머가 주장한 혁신적 착취 이론에 큰 영향을 받았습니다. 그리하여 에릭은 모순적 계급 위치 이론을 상이한 자산(노동력, 생산수단, 조직 자산, 기술 자산)의 분배를 중심으로 한 계급 개념화로 변신시켰습니다. 봉건주의가 노동력의 불평등한 분배에 바탕을 뒀다면, 자본주의는 생산수단의 불평등한 분배에 근거했죠. 또한 국가주의는 조직 자산의 불평등한 분배에 바탕을 뒀고, 공산주의는 기술의 불평등한 분배에 근거했고요. 이런 사고가 에릭의 중요한 책 《계급론Classes》*(1985)의 토대가 됐습니다.

동시에 에릭은 소련 사회학자들하고 공동 작업을 하는 데 뜻을 모았습니다. 소련 사회학자들도 이제 막 싹을 틔우는 국가 간 계급 구조 비교에서 제외되고 싶지는 않았거든요. 그래서 1986년에 에릭하고 제가 함께 모스크바로 갔는데, 무척 당혹스러운 존재일 게 분명한 두 사람을 마주하고 소련 학자들이 어떤 반응을 보이는지 두 눈으로 직접 볼 수 있었습니다. 끈질기게 과학에 몰두하는 서구 마르크스주의자라니 얼마나 낯설겠습니까. 우리는 소련 연구팀하고 함께 앉아서 두 나라에서 활용할 수 있는 비슷한 조사 도구를 개발했습니다.

1980년대가 막바지로 치닫는 사이에 에릭은 자기가 거둔

---

* 에릭 올린 라이트 지음, 이민열 옮김, 《계급론》, 한울, 2016 ─ 옮긴이.

성공과 스스로 활용한 방법의 덫에 걸린 사실을 점차 깨닫게 됐습니다. 에릭은 제자들이 조금 아이러니컬하게 이름 붙인 다중 회귀 마르크스주의multiple-regression Marxism를 발전시킨 상태였습니다. 최신 통계 기법을 활용해 객관적 계급 지위가 다양한 주관적 성향에 미치는 영향력을 계산했죠. 이 연구 프로그램이 정점에 오른 저작이 《계급이 중요하다 — 계급 분석 비교 연구Class Counts: Comparative Studies in Class Analysis》(1997)입니다. 에릭은 제게 건넨 증정본에 이런 말을 적었습니다. "아이고, 혁명의 변증법이 어떻게 됐는지 보세요."

에릭은 자기가 시작한 계급 분석 연구 프로그램에서 완전히 자유로워진 적은 한 번도 없지만, 1991년에 현실적 유토피아를 향한 새로운 여정에 나섰습니다. 이 여정 또한 분석마르크스주의라는 비판적이고 기본적인 사상에 결정적인 영향을 받았습니다. 마르크스주의라는 거품은 이미 터져버리고, 소련이 붕괴하면서 마르크스주의의 종언이 거론되는 때였죠. 그렇지만 에릭은 소련의 붕괴를 타락한 소비에트 이데올로기의 굴레에서 마르크스주의가 해방되는 계기로 봤습니다. 자본주의는 서구 세계에서 승승장구했고, 마거릿 대처는 대안은 없다며 많은 이들을 설득하고 있었죠. 에릭은 이런 상황을 새로운 마르크스주의를 벼릴 기회라는 도전으로 받아들였습니다.

에릭이 한 구상은 자본주의의 틈새에 자리를 잡고 있고 현실에 바탕을 둔 제도적 형태 중에서 조직 원리가 자본주의하고 불화하는 요소들을 찾는 일이었습니다. 에릭은 1979년 이래 회원이던 잡지 《정치와 사회Politics and Society》하고 손잡고 대안 세계를 위한 상상력 넘치는 설계도를 가진 저자들을 찾았습니다. 그리고 그런 사람들하고 협력해서 나름의 현실적 유토피아를 설계하고는, 이 전망을 중심으로 회의를 조직했습니다. 버소 출판사가 각 회의에서 논의한 내용을 논문집으로 출간했습니다. 에릭이 엮은 이 논문집은 지금까지 여섯 권이 나왔는데, 모두 다음 같은 주제를 다루고 있습니다. 결사체 민주주의, 시장사회주의, 평등주의의 개조, 민주주의 심화하기, 기본 소득, 성평등 등이죠. 세상을 떠나기 직전에 에릭은 아르헨티나, 남아공, 스페인, 이탈리아에서 회의를 연 뒤 협동 경제에 관한 책을 만드느라 애쓰고 있었습니다.

2010년에 버소 출판사는 에릭이 쓴 대작 《리얼 유토피아》를 출간했습니다. 20년에 걸친 저술이 빛을 봤죠. 에릭은 이 책을 해방적 사회과학의 연구 프로그램이라고 지칭했습니다. 책에서 에릭은 자본주의의 병폐를 진단하는 데서 출발해 더 나은 세계, 생명력 있는 동시에 실행 가능한 사회주의를 호소했습니다. 이제 자본주의가 저절로 붕괴하게 되리라는 환상이나 국가 계획이라는 폭압적 형태에 근거하지 않는 상황에서 '사회주의에서 사회적인 것'을 복원하는 일이 목표가 됐습니다. 그러려면 국가와 경제에 맞서 시민사회에 권력을 부여해야 하는데, 국가에 관련해서는 참여 예산이나 시민 의회 같은 제도적 설계를 통해, 그리고 경제에 관련해서는 보편적 기본 소득이나 협동조합 같은 프로그램을 통해 이런 일이 가능합니다. 존재 조건, 확산 가능성, 내적 모순 등에 관해 각각의 현실적 유토피아를 검토합니다.

현실적 유토피아의 실현에 관해 에릭은 앞에 놓인 세 가지 길을 검토했습니다. 먼저 파괴적 단절 변혁이 있는데, 에릭은 이 길보다는 공생적 변혁이나 틈새 변혁을 선호했습니다.

공생적 변혁은 자본주의의 위기를 해결하기 위한 단기적 양보를 통해 사회주의의 씨앗을 뿌리는 개혁주의의 길을 가리킵니다. 이를테면 노동 계급을 체제 안으로 끌어안으면서도 스웨덴의 마이드너-헤드보리 계획Meidner-Hedborg Plan 같은 자본의 집합적 전유 구상을 심어주는 계급 타협이 있겠죠. 만인을 위한 복지는 보편적 기본 소득의 가능성을 높이고, 보편적 기본 소득은 일터에서 자본가 권력에 도전하는 동시에 대안적 생산 형태를 실험할 공간도 창출합니다.

다른 한편 틈새 변혁은 자본주의 사회의 틀 안에서 협동조합이나 디지털 세계의 피투피 협력 같은 대안적 제도를 발전시키는 길을 가리킵니다. 도서관과 위키피디아는 에릭이 특히 좋아하는 현실적 유토피아였죠.

에릭은 원래 폭넓은 독자층을 염두에 두고 《리얼 유토피아》를 구상했지만, 비판자들을 상대로 씨름하는 사이에 분량이 늘어나고 전문가 독자들을 대상으로 삼는 바람에 내용도 복잡해졌습니다. 그렇지만 세계를 여행하면서 책에 관해 이야기하다 보니 점점 정치 활동가들의 관심을 모으게 됐습니다. 그래서 새로운 판본을 쓰기 시작했습니다. 원래 두 권으로 나올 예정이었죠. 하나는 대중적인 매뉴얼이고, 다른 하나는 좀 더 학문적인 토론을 담은 책으로 말입니다. 2016년에 1권을 쓰기 시작했는데, 백혈병 진단을 받을 때쯤이면 마지막 장을 빼고 원고를 완성한 상태였습니다.

《21세기를 살아가는 반자본주의자를 위한 안내서》는 《리얼 유토피아》에 담긴 많은 주장을 간결하고 예리한 언어로 재구성하면서도 에릭의 사유에서 하나의 전환점을 나타냅니다. 에릭은 네 가지 주제를 곧바로 꺼내 듭니다. 첫째, 다른 세상은 가능하다. 둘째, 다른 세상은 대부분의 사람들에게 인간 행복의 조건을 향상시킬 수 있다. 셋째, 이런 세상을 구성하는 요소들은 지금 이미 만들어지는 중이다. 그리고 마지막으로, 여기에서 그곳으로 이동하는 길이 있다. 《리얼 유토피아》에서 그러하듯이, 에릭은 자본주의의 결함을 자의적으로 나열하기보다는 병폐에 관한 종합적 진단을 제시하고, 세 가지 가치쌍, 곧 평등/공정, 민주주의/자유, 공동체/연대를 침해하는 요소를 중심으로 자본주의 비판을 조직합니다. 이 가치들은 모두 합쳐져 민주사회주의의 규범적 토대를 형성합니다.

여기에서 출발해 에릭은 반자본주의의 전략적 논리로 고개를 돌립니다. 이번에도 전작하고 다른 틀을 잡습니다. '국가 분쇄하기'를 거부하면서도(낡은 것의 잿더미에서 새로운 것을 건설할 수는 없는 법이죠), 자본주의 '해체하기'(위에서 시작해 사회주의의 요소들을 설치하기)와 자본주의 '길들이기'(자본주의의 폐해를 중화하기)를 받아들입니다. 이런 하향식 전략은 상향식 전략으로 보완됩니다. 자본주의에 '저항하기'와 자본주의에서 '벗어나기' 말이죠. 자본주의 '잠식하기', 곧 에릭이 재정식화한 민주사회주의를 향한 이행을 초래하는 전략은 바로 이 네 가지 전략을 결합하면서 가능해집니다.

우리는 다양한 자본주의적이고 비자본주의적인 조직과 제도들로 구성된 자본주의 생태계에 살고 있습니다. 자본주의적 관계가 지배하기는 하지만 이 생태계를 독점하지는 않습니다. 민주사회주의로 이행하려면 비자본주의적 요소들을 심화하고, 이 요소들을 반자본주의적 요소들로 뒤바꿔야 합니다. 다음 같은 목록은 이미 익숙하죠. 연대 경제와 협동 경제 같은 다른 형태의 생산을 위한 공간을 창출하는 조건 없는 기본 소득, 기업의 민주화와 공공 은행 창설을 통한 자본의 권력 약화, 재화와 서비스의 국가 공급이나 피투피 협력 생산 같은 비시장적 경제 조직.

이런 잠식 전략, 자본주의 생태계를 구성하는 서로 다른 구성 요소들의 재결합에는 필연적으로 국가가 필요합니다. 국가가 전체 사회구성체의 접합제 구실을 해야 하죠. 여기에서도 에릭은 국가를 자본가 계급이 휘두르는 통일된 객체나 언제나 자본주의의 이익을 위해 행동하는 통일된 주체로 보는 정통 마르크스주의에서 벗어납니다. 대신에 에릭은 자본주의 국가를 이질적이고, 내적 모순을 지닌 조직, 자본주의 생태계의 다양성을 반영하는 조직으로 제시합니다. 민주주의를 심화하는 지렛대로 작용할 수 있는 행위 주체들 내부와 그 주체들 사이에는 균열과 긴장이 존재하는 겁니다.

암 진단을 받은 뒤에도 에릭은 이 책의 마지막 장을 완성해야 했습니다. 가장 어려운 이 장을 쓰면서 그전까지 모든 사람이 자기에게 던진 질문의 답을 찾으려 했습니다. 민주사회주의로 가는 길을 누가 닦을까? 계급 문제를 여전히 부여잡은 채 죽음을 맞은 마르크스처럼, 마지막 몇 달 동안 에릭 또한 다시 한 번 인간 주체의 문제를 놓고 씨름했습니다. 에릭은 민주사회주의가 집단적 투쟁 없이 생겨나지 않으리라는 점을 분명히 못박고 있지만, 특정한 행위 주체나 주체들의 조합을 정하지 않습니다. 대신에 이런 투쟁의 조건을 분석합니다. 연대를 버릴 수 있는 여러 **정체성들**, 현실적인 목표로 이어지는 **이해관계**, 다양한 정체성과 이해관계를 가로질러 정치적 통일을 창출할 수 있는 **가치**의 중요성에 주목하죠. 에릭은 어느 한 특정한 변혁의 주체를 확정할 수 없습니다.

에릭 라이트가 평생을 바쳐 남긴 저작에서 씨름한 어려운 문제, 곧 유토피아 없는 계급 분석에서 계급 분석 없는 유토피아로 옮겨가게 된 질문에 관한 답이 여기 있습니다. 《21세기를 살아가는 반자본주의자를 위한 안내서》는 이 수수께끼에 하나의 답을 내놓습니다. 에릭은 반자본주의자로 사는 삶과 민주사회주의자로 사는 삶은 전혀 다른 문제라고 주장합니다. 계급 투쟁은 반자본주의자가 되는 데 기여할 수 있지만 민주사회주의자가 되는 데에는 별로 관계가 없습니다. 마르크스가 필연적인 계급 양극화 때문에 자본주의가 소멸하는 동시에 사회주의가 건설되는 마술적 순간이 도래하게 된다고 생각한 지점에서 에릭은 자기의 계급 분석에 근거해 계급 자체가 너무 파편화되고 제한된 사회 세력이라 새로운 체제를 건설할 수 없다는 결론에 다다릅니다. '자본주의 잠식하기'가 야만 상태가 아니라 민주사회주의로 이어지려면, 이 변혁에는 더 나은 세상을 위한 싸움을 추동하는 도덕적 전망이 필요할 겁니다. 에릭은 평등, 민주주의, 연대라는 세 가치를 지지합니다.

그런데 누가 그런 가치에 매료될까요? 에릭의 가장 두드러진 특징 중 하나는 논리적 주장을 통해 설득하는 능력입니다. 전광석화같이 빠르고 명료한 지적 능력으로 유명한 에릭은 학자로서는 드물게 활동가들 사이에서 따르는 이들이 많았습니다. 활동가들은 에릭이 말하는 현실적 유토피아에서 자기들이 끈질기게 이어온 활동의 가치가 확인받는다고 생각했습니다. 자기 사고의 내용을 희석시키지 않은 채 정확하고 단순하게 표현할 수 있는 능력을 거의 무제한으로 갖춘 에릭은 활동가들에게 각자가 기여할 수 있는 집단적 프로젝트의 전망을 제시했습니다. 새로운 세대의 비판적 사상가와 활동가들 사이에서 '사회주의'를 향한 관심이 되살아나는 사이에 에릭을 따르는 이들이 점점 많아졌습니다. 비록 이제 직접 나서서 사회주의를 옹호하는 주장을 펴지는 못하지만, 유튜브에는 에릭이 남긴 동영상이 여전히 많고, 이제 《21세기를 살아가는 반자본주의자를 위한 안내서》라는 강력한 선언문이 나왔습니다. 《공산당 선언》하고 다르게 이 책은 누가 더 나은, 더 평등하고 민주적이며 연대하는 세상을 만들지 예언이나 예상을 하지 않지만, 존재 자체로 그런 새로운 사회주의를 벼리기 위해 활동가들을 형성하고 고무할 겁니다. 에릭이 가리키는 구체적인 환상들은 각각 나름의 현실화 주체들을 만들어낼 겁니다.

에릭이 마지막으로 남긴 책을 읽으면 고전 사회학이 떠오릅니다. 에밀 뒤르켐은 자기의 사회학을 정의한 《사회분업론 The Division of Labor in Society》*(1893)을 이런 말로 끝맺습니다.

요컨대 오늘날 우리의 첫째 임무는 우리 스스로 도덕을 만들어내는 일이다. 서재의 침묵 속에서 이런 과제를 고안할 수는 없다. 그 과제는 자기 자신의 의지로 점차, 그리고 저절로 필요하게 되는 내적 동기들의 압박 속에서 생겨날 수

* 에밀 뒤르켐 지음, 민문홍 옮김, 《사회분업론》, 아카넷, 2012 — 옮긴이.

있을 뿐이다. 성찰이 할 수 있고 해야 하는 일은 달성해야 하는 목표 규정하기다. 바로 이 일이 지금까지 우리가 달성하려 노력한 목표다.

뒤르켐은 형태는 달라도 라이트하고 똑같이 자유, 정의, 연대라는 가치를 일종의 길드사회주의를 통해 달성해야 할 목표로 신봉했습니다. 그렇지만 뒤르켐은 자기가 말하는 사회주의가 어떻게 실현될지에 관해서는 전혀 깨달음을 주지 못했죠. 자본주의라는 장애물을 연구하기는커녕 제대로 파악하지도 못한 때문입니다. 자본주의와 자본주의의 변혁을 위한 전략을 주제로 삼고, 우리가 앞으로 나아갈 수 있게 도와주는 구체적인 제도의 윤곽을 제시하면서, 에릭 라이트는 우리에게 사회학의 최종 결론이자 궁극적 비판인 마르크스주의를, 그리고 모든 사람에게 더 나은 세상을 벼리자고 권유하는 실천적이고 이론적인 기획을 내놓았습니다.

2019년 5월

에릭 올린 라이트는 마르크스주의 계급론이 다다른 궁지를 타개하고 새로운 지평을 연 인물로 잘 알려져 있다. 고전적인 정통 마르크스주의가 화석화된 이념에 집착하다가 현실을 설명해내지 못하는 상황에서, 라이트는 주류 사회과학의 방법론을 적극 받아들이면서 현실의 계급을 실증 분석하는 데 오랜 시간을 바쳤다. 마르크스주의를 경험적 토대 위에 다시 세우려면 과학적 엄격함의 기준에 맞지 않는 마르크스주의의 온갖 똥, 곧 헛소리를 치워버리는 일이 급선무였다. 실증 분석을 깃발로 내건 분석마르크스주의 연구를 통해 드러난 계급은 자본가 계급과 노동자 계급의 선명한 적대로 규정되지 않았다. 현실에서는 자본가와 노동자라는 이분법에 포괄되지 않는 많은 계급이 모순적 위치를 차지하고 있었다.

그리고 현실 사회주의가 붕괴했다. 자본주의는 승승장구했지만 대부분의 사람들은 삶이 나아지지 않았다. 그렇지만 이제 아무도 사회주의나 혁명을 입에 올리지 않았다. 이런 와중에도 라이트는 사회주의, 또는 이 책에서 완곡하게 이름 붙인 반자본주의 전략을 다듬는 일을 멈추지 않았다. 지배 계급은 자본주의말고 '대안은 없다'고 호언장담했지만, 라이트는 '다른 세상은 가능하다'고 목소리를 높인다. 다만 달라진 현실에서 출발해야 한다. 노동 계급은 단일한 혁명 대오를 꾸리기에는 너무 파편화됐고, 이제 사회주의는 계급과 착취보다 더 근본으로 돌아가 가치와 윤리에서 근거를 찾아야 했다.

라이트에게는 민주주의가 사회주의의 본질이다. 고전적 마르크스주의를 내걸고 성공한 혁명이 결국 변질된 이유도 민주주의를 너무 쉽게 본 때문이었다. 이제 반자본주의 기획의 규범적 토대도 계급적 착취보다는 평등과 공정, 자유와 민주주의, 공동체와 연대 등 가장 기본적인 가치가 돼야 한다. 이런 가치에서 볼 때 정의로운 사회는 모든 인간이 자유와 평등을 누리고, 기본적인 생존을 보장받으며, 자기의 잠재력을 실현할 기회를 가지면서 인간 행복을 실현하는 사회다. 이런 사회로 나아가려면, 모든 사람이 행복한 삶을 누리는 데 필요한 '물질적 수단'과 '사회적 수단'에 관련해 대체로 '동등한 접근권'을 지녀야 한다(30쪽). 또한 '완전히 민주적인 사회'에서 모든 사람은 자기 삶에 영향을 미치는 일들에 관한 '결정'에 충분히 의미 있게 '참여'해야 한다(38쪽). 그런데 자본주의는 이런 세상을 창조하는 시도를 가로막기 때문에 인간의 행복한 삶을 방해하는 가장 큰 장애물이 된다. 반자본주의를 포기할 수 없는 이유도 이런 점 때문이다.

지은이가 제안하는 기획은 단절적 혁명revolution보다 점진

적 변혁transformation을 추구한다는 점에서 기성의 반자본주의
하고 구분된다. 좌파가 20세기의 경험에서 배운 교훈이 있다
면, 기성 체제에 맞서 파괴적 단절을 시도하고 잿더미에서 새
로운 사회를 건설하려 한 혁명이 대중의 역량을 바탕으로 민
주적인 절차에 따라 사회를 구성하기보다는 소수 엘리트의 독
단적 지배와 억압으로 귀결된 사실이다. 철두철미한 민주주의
자인 라이트에게 다원성과 민주적 숙의를 배제하는 모든 전략
은 위험하기 짝이 없다. 자본주의를 무너트리고 새로운 국가
를 건설하는 목표를 내건 '자본주의 분쇄하기'는 이렇게 역효
과가 너무 많고, 지금은 실행 가능성 자체가 없어졌다. 그렇다
면 이제 반자본주의 전략은 불가능한 걸까?

라이트가 도식화한 다른 전략은 '자본주의 해체하기'와
'자본주의 길들이기', '자본주의에 저항하기'와 '자본주의에서
벗어나기'가 있다. 자본주의 해체하기는 좌파 정당이 집권해
서 자본가 계급의 구조적 권력을 제한하는 철저한 경제 개혁
을 달성하는 전략이다. 자본주의 길들이기는 반면에 자본주의
의 폐해를 중화하는 정도에 그친다. 한편 자본주의에 저항하
기는 국가 외부의 사회운동을 통해 자본에 맞서 노동자와 시
민의 권리를 지키는 전략이며, 자본주의에서 벗어나기는 아
예 체제 바깥에서 소규모로 대안적 공동체를 구성하는 전략이
다. 자본주의 해체하기와 길들이기가 위에서 시작하는 하향식
과정이라면, 자본주의에 저항하기와 벗어나기는 아래에서 일

어나는 움직임이다. 이 네 가지 전략을 종합해서 자본주의를 잠식하면, 민주적 숙의와 참여적 실험을 통해 정의로운 사회를 만드는 과정을 시작할 수 있다고 지은이는 주장한다. 국가를 통해 위에서 시작해 자본주의를 축소하는 동시에 아래부터 사회적 소유 구조를 창조해야 한다. "자본주의에 도전하는 한 가지 방법은 이 복잡한 체제 내부의 여러 공간과 틈새에서 가능한 곳마다 더 민주적이고 평등하며 참여적인 경제 관계를 건설하는 길이다. 자본주의 잠식하기라는 개념은 이 대안들이 장기적으로 개인과 공동체의 삶에서 충분히 두드러지게 돼 결국 이 체제에서 자본주의의 지배적 구실을 대체할 수 있는 잠재력이 충분하다고 상상한다"(101쪽).

자본주의 사회라고 해서 모든 사회 공간이 자본주의에 지배되지는 않는다. 자본주의에는 틈새와 균열이 존재하며, 사회주의의 맹아가 자리한다. 보편적 기본 소득과 참여 예산, 일터 민주주의 등을 바탕으로 이 틈새와 균열을 벌려가는 과정이 중요하다. 그리하여 지은이는 거시적인 경제민주주의에 나란히 위키피디아나 도서관 같은 공유재, 노동자 협동조합과 소비자 협동조합과 공동체 토지 신탁같이 현실에 이미 존재하는 맹아를 바탕으로 '현실적 유토피아'를 만들어가자고 역설한다.

따라서 이제 반자본주의 운동은 애초부터 다원적인 면모를 띤다. 노동 계급을 대표하는 사회주의 정당이 전위에서 이끄는 길이 아니라 정당과 사회운동, 노동조합과 협동조합, 지역 사회의 풀뿌리 공동체 등이 모두 각자 맡은 구실을 하는 사이에 지속적인 숙의와 참여가 강조된다. 주체는 계급으로 고정되지 않으며, 계급적 이해관계만이 아니라 가치와 정체성도 주체의 형성과 실천에서 커다란 작용을 한다고 본다. 자본주의 잠식하기라는 전략과 주체의 문제에서 조금은 절충적이라는 느낌을 떨치기 어렵지만, 종합적인 반자본주의 전략의 커다란 틀을 제시한 데 큰 의미가 있다.

그런데 과연 지은이가 말하는 점진적 변혁을 달성할 시간이 우리에게 있을까? 코로나19로 인류 전체가 피부로 느끼고 있는 기후 변화와 환경 파괴는 우리에게 시간이 얼마 남지 않았다고 경고한다. 지구와 인류 전체를 인질로 삼아 자멸로 치닫는 자본주의의 폭주 앞에서 지은이는 생의 마지막까지 탐구와 집필을 멈추지 않았고, 이 책을 유산으로 남겼다.

2020년 5월 유강은